AFTER WORK COOKING

Schnelle Kuchen & Cookies

REZEPTE
Lou Seibert Pappas

HERAUSGEGBEN VON
Chuck Williams

FOTOS
Tucker + Hossler

vgs EGMONT

Inhalt

IN 30 MINUTEN FERTIG

IN 15 MINUTEN VORBEREITTET

AUF VORRAT

Zu diesem Buch

Der verführerische Duft nach frischem Kuchen, den Teiglöffel ablecken: Backen hat etwas Magisches an sich. Einige einfache Zutaten – Zucker, Mehl, Butter, Eier – verwandeln sich scheinbar wie von selbst in süße Köstlichkeiten. Die meisten Menschen haben zu wenig Zeit für aufwendiges Backen, legen aber trotzdem Wert auf gute Qualität.

Mit Hilfe der Rezepte in diesem Buch werden auch Sie im Nu zum versierten Konditor. Wir zeigen Ihnen, wie man saftige Muffins oder einen leckeren Kuchen innerhalb von 30 Minuten in den Ofen schiebt. Überraschen Sie Ihre Lieben trotz vollem Terminkalender mit selbst gemachten Tartes & Co. Wertvolle Tipps zum richtigen Einkaufen, Planen und Vorrathalten ergänzen die raffinierten Rezepte und erleichtern Ihnen die Kunst des entspannten Backens.

In 30 Minuten fertig

Butter-Nuss-Kekse

zimmerwarme Butter, 60 g

Puderzucker, 50 g, plus 1 Esslöffel zum Bestäuben

Vanille-Extrakt (Essenz), 1 Teelöffel

Salz, 1/4 Teelöffel

Mehl, 230 g

Pekannüsse, 90 g, geröstet und fein gehackt

ERGIBT ETWA 36 KEKSE

1 **Die Backbleche vorbereiten**
Den Ofen auf 165 °C vorheizen. 2 Backbleche mit Backpapier belegen.

2 **Den Teig anfertigen**
Butter und Puderzucker in einer großen Schüssel mit dem Mixer schaumig rühren. Vanille, Salz sowie Mehl unterrühren. Die Pekannüsse gleichmäßig untermischen.

3 **Die Kekse backen**
Aus dem Teig mit bemehlten Händen kleine Kugeln mit 2 cm Durchmesser formen. Auf die Bleche setzen und dabei jeweils einen Abstand von 4 cm zueinander lassen. Im Ofen auf der mittleren und unteren Schiene 15–18 Minuten hellbraun backen. Die Kekse auf den Blechen 10 Minuten abkühlen lassen. Dann mitsamt dem Backpapier auf eine Arbeitsfläche geben. Gleichmäßig mit Puderzucker bestäuben und vor dem Servieren oder Lagern vollständig abkühlen lassen.

Variation

Anstelle der Pekannüsse können Sie auch Mandelsplitter oder Haselnüsse nehmen. Ganze Haselnüsse in einer Pfanne ohne Fettzugabe goldbraun rösten. In ein Küchentuch geben und jeweils die Haut abreiben. Anschließend hacken.

Tipp

Backpapier ist auf beiden Seiten antihaftbeschichtet und verträgt bis zu 220 °C. Nach dem Gebrauch wird es einfach weggeworfen. Das erspart das mühselige Reinigen von Blech oder Gitterrost.

Ingwerkekse

1 Die Backbleche vorbereiten

Den Ofen auf 180 °C vorheizen. 2 Backbleche mit Backpapier belegen.

2 Den Teig anfertigen

Butter und Zucker in einer großen Schüssel mit dem Mixer schaumig schlagen. Ei sowie Melasse unterrühren. Mehl, Speisenatron, Ingwer, Zimt und Piment in einer anderen Schüssel vermengen. Die Mischung nach und nach unter die Buttermasse rühren.

3 Die Kekse backen

Den Teig mit einem Esslöffel auf den Blechen verteilen, dabei jeweils einen Abstand von 5 cm zueinander lassen und leicht flachdrücken. Im Ofen auf der mittleren und unteren Schiene 10–12 Minuten backen. Die Kekse auf den Blechen 5 Minuten abkühlen lassen. Dann auf Kuchengitter setzen und vollständig abkühlen lassen.

zimmerwarme Butter, 190 g

hellbrauner Zucker, 220 g

Ei, 1

Melasse (Zuckersirup), 100 ml

Mehl, 320 g

Speisenatron, 1 ½ Teelöffel

Salz, ¼ Teelöffel

Ingwerpulver, 1 Teelöffel

Zimtpulver, 1 Teelöffel

Pimentpulver, ½ Teelöffel

ERGIBT ETWA 40 KEKSE

Haferkekse mit Schokolade

zimmerwarme Butter, 250 g

Kristallzucker, 180 g

hellbrauner Zucker, 180 g

Eier, 2

Vanille-Extrakt (Essenz), 1 Teelöffel

Mehl, 240 g

Speisenatron, 1 Teelöffel

Salz, ¼ Teelöffel

Haferflocken, 190 g

Bitterschokolade (70 % Kakao), 380 g, grob gehackt

Walnüsse, 130 g, geröstet und gehackt (optional)

ERGIBT ETWA 60 KEKSE

1 Die Backbleche vorbereiten

Den Ofen auf 180 °C vorheizen. 2 Backbleche mit Backpapier belegen.

2 Den Teig zubereiten

Butter, Kristallzucker und braunen Zucker in einer großen Schüssel mit dem Mixer schaumig rühren. Eier und Vanille untermischen. In einer zweiten Schüssel Mehl, Speisenatron und Salz gut vermengen. Die Mischung nach und nach unter die Butter-Zucker-Masse rühren. Haferflocken, Schokolade und Walnüsse (falls verwendet) unterrühren.

3 Die Kekse backen

Den Teig mit einem Teelöffel auf den Blechen verteilen, dabei jeweils einen Abstand von 4 cm zueinander lassen. Im Ofen auf der mittleren und unteren Schiene 10–12 Minuten goldbraun backen. Die Kekse auf zwei Kuchengitter setzen und vollständig abkühlen lassen.

Tipp

Sie können die Nüsse auch im Voraus rösten. Auf einem Backblech verteilen und im Ofen bei 170 °C etwa 10 Minuten rösten. Nach dem Abkühlen in ein luftdicht verschließbares Glas füllen. Die gerösteten Nüsse halten sich im Kühlschrank bis zu 5 Tage und im Tiefgekühlgerät bis zu 1 Monat.

Schokokekse

Butter, 60 g

Bitterschokolade (50 % Kakao), 380 g, gehackt

hellbrauner Zucker, 190 g

Eier, 2

Vanille-Extrakt (Essenz), 1 Teelöffel

Mehl, 80 g

Backpulver, 1/4 Teelöffel

Walnüsse, 200 g, geröstet und gehackt (optional)

ERGIBT ETWA 36 KEKSE

1 Die Backbleche vorbereiten

Den Ofen auf 180 °C vorheizen. 2 Backbleche mit Backpapier belegen.

2 Den Teig zubereiten

Butter und Schokolade in einem Topf mit schwerem Boden bei milder Hitze unter ständigem Rühren schmelzen. Vom Herd nehmen. Zucker, Eier und Vanille unterrühren. Mehl und Backpulver gründlich untermischen. Walnüsse einrühren (falls verwendet). Den Teig für 4–5 Minuten kühl stellen.

3 Die Kekse backen

Den Teig mit einem Esslöffel auf den Blechen verteilen, dabei jeweils einen Abstand von 4 cm zueinander lassen. Die Kekse 10–12 Minuten backen, sie sollten innen noch leicht weich sein. Auf Kuchengittern abkühlen lassen.

Käsegebäck

Mehl, 320 g

Backpulver, 2½ Teelöffel

Salz, ½ Teelöffel

Greyerzer, 50 g, fein gerieben

Schnittlauchröllchen, 2 Esslöffel

kalte Butter, 90 g, in Würfeln

Milch, 180 ml

ERGIBT 12 STÜCK

1 Das Backblech vorbereiten

Den Ofen auf 220 °C vorheizen. Ein Backblech mit Backpapier belegen.

2 Den Teig zubereiten

Mehl, Backpulver, Salz, Greyerzer und Schnittlauch in einer großen, flachen Schüssel vermengen. Butter zufügen und das Ganze mit einer Palette oder 2 Messern zu erbsengroßen Streuseln verarbeiten. Die Milch angießen und mit einem Teigspatel untermischen, bis alle Krümel feucht sind.

3 Das Gebäck formen und backen

Den Teig auf eine bemehlte Arbeitsfläche geben und leicht zusammendrücken. Gute 6-mal durchkneten und zur Kugel formen. Diese zu einem 2 cm dicken Kreis ausrollen. Mit einem bemehlten Glas oder einer runden Ausstechform mit 7,5 cm Durchmesser etwa 12 Plätzchen ausstechen. Mit 2,5 cm Abstand zueinander auf das Blech setzen. Auf der mittleren Schiene des Ofens 15–18 Minuten backen. Auf einem Kuchengitter abkühlen lassen und dann servieren.

Variation

Für klassische Buttermilchkekse Käse sowie Schnittlauch weglassen und die Milch durch Buttermilch ersetzen. Nur 2 Teelöffel Backpulver verwenden und ½ Teelöffel Speisenatron zufügen. Wie im Rezept beschrieben zubereiten.

Tipp

Es gibt Muffinbackformen, das ist ein Blech mit den entsprechenden Vertiefungen. Das dazu passende Papier ist ebenfalls erhältlich. Bestreuen Sie die Muffins vor dem Backen mit einer Mischung aus gerösteten Nüssen und braunem Zucker.

Himbeer-Zitronen-Muffins

1 Die Muffinförmchen vorbereiten

Den Ofen auf 220 °C vorheizen. 12 Standard-Muffinförmchen mit Muffinpapier auslegen.

2 Den Teig anrühren

Mehl, Backpulver, Speisenatron, Salz und Muskatnuss in einer großen Schüssel vermischen. In einer zweiten Schüssel Eier und Zucker schaumig rühren. Milch, Butter und Zitronenschale unterrühren. Diese Masse zur Mehlmischung geben und beides mit einem Teigspatel kurz vermengen. Die Himbeeren vorsichtig unterheben.

3 Die Muffins backen

Die Muffinförmchen zu drei Viertel mit dem Teig füllen. Die Muffins auf der mittleren Schiene 15–18 Minuten backen, bis an einem jeweils in die Mitte gesteckten Holzstäbchen keine Teigreste mehr haften bleiben. In den Förmchen auf einem Kuchengitter 5 Minuten abkühlen lassen. Dann mitsamt Papier aus den Förmchen lösen und vor dem Servieren nochmals kurz auf einem Kuchengitter abkühlen lassen.

Mehl, 320 g

Backpulver, 2 Teelöffel

Speisenatron, ½ Teelöffel

Salz, ¼ Teelöffel

Muskatnuss, ¼ Teelöffel, frisch gerieben

Eier, 2

hellbrauner Zucker, 160 g

Milch, 250 ml

geschmolzene Butter, 90 g

Zitronenschale, 1 Esslöffel. fein gerieben

Himbeeren, 130 g, frisch oder tiefgefroren

ERGIBT 12 MUFFINS

Saftige Karottenmuffins

Mehl, 320 g

Backpulver, 2 Teelöffel

Speisenatron, 1/2 Teelöffel

Salz, 1/4 Teelöffel

Zimtpulver, 1 Teelöffel

Eier, 2

hellbrauner Zucker, 160 g

saure Sahne, 250 g

geschmolzene Butter, 90 g

Karotten, 2 große, fein gerieben (160 g)

Sultaninen, 60 g (optional)

ERGIBT 12 MUFFINS

1 Die Muffinförmchen vorbereiten

Den Ofen auf 220 °C vorheizen. 12 Standard-Muffinförmchen mit Muffinpapier auslegen.

2 Den Teig zubereiten

Mehl, Backpulver, Speisenatron, Salz und Zimt in einer großen Schüssel vermengen. Eier und hellbraunen Zucker in einer zweiten Schüssel schaumig rühren. Saure Sahne und Butter unterrühren. Diese Masse zur Mehlmischung geben und beides mit einem Teigspatel kurz vermengen. Karotten sowie Sultaninen (falls verwendet) untermischen.

3 Die Muffins backen

Die Muffinförmchen zu drei Viertel mit dem Teig füllen. Die Muffins auf der mittleren Schiene 15–18 Minuten backen, bis an einem jeweils in die Mitte gesteckten Holzstäbchen keine Teigreste mehr haften bleiben. In den Förmchen auf einem Kuchengitter 2 Minuten abkühlen lassen. Dann mitsamt Papier aus den Förmchen lösen und vor dem Servieren nochmals kurz auf einem Kuchengitter abkühlen lassen.

Variation

Mit dem Teig können Sie auch einen Karottenkuchen machen. Eine Springform (23 cm) mit Butter ausstreichen, den Teig einfüllen und 45–50 Minuten backen. In der Form auf einem Kuchengitter gut abkühlen lassen. Dann rundherum mit Vanille-Buttercreme bestreichen oder mit Ihrer Lieblingsglasur überziehen.

Variation

Anstelle von Aprikosen und Ingwer können Sie auch 90 g getrocknete Kirschen sowie 1 Esslöffel abgeriebene Zitronen- oder Orangenschale nehmen.

Aprikosen-Ingwer-Gebäck

1 Das Backblech vorbereiten

Den Ofen auf 220 °C vorheizen. Ein Backblech mit Backpapier belegen.

2 Den Teig zubereiten

Mehl, Zucker, Backpulver, Salz und Muskatnuss in einer großen Schüssel vermengen. Die Butter mit einer Palette oder 2 Messern unterarbeiten, bis etwa erbsengroße Streusel entstehen. Aprikosen und Ingwer untermengen. Ei und Buttermilch verquirlen, in die Schüssel gießen und mit einem Teigspatel untermischen. Der Teig sollte klebrig sein.

3 Das Gebäck formen und backen

Den Teig auf einer bemehlten Arbeitsfläche zu einem Kreis mit 20 cm Durchmesser ausrollen. Mit einem scharfen Messer in 6 gleich große Stücke schneiden. Die Teigstücke mit einem Abstand von 2,5 cm zueinander auf das Blech setzen. 15–17 Minuten goldbraun backen. Auf einem Kuchengitter kurz abkühlen lassen und warm servieren.

Mehl, 280 g

Zucker, 90 g

Backpulver, 1 Esslöffel

Salz, ½ Teelöffel

Muskatnuss, ¼ Teelöffel, frisch gerieben

kalte Butter, 90 g, in Würfeln

getrocknete Aprikosen, 130 g, gehackt

kandierter Ingwer, 50 g, gehackt

Ei, 1

Buttermilch, 125 ml

ERGIBT 6 STÜCK

Kirschecken

tiefgekühlter Blätterteig, 1 Lage, aufgetaut

Süßkirschen, 900 g, entsteint

Brandy oder Cognac, 1 Teelöffel (optional)

Kristallzucker, 60 g

Mehl, 1 Esslöffel

Ei, 1

Milch, 1 Esslöffel

grober Zucker, zum Bestreuen

ERGIBT 6 STÜCK

1 Den Blätterteig ausrollen

Den Ofen auf 220 °C vorheizen. Ein Backblech mit Backpapier belegen. Den Blätterteig auf einer bemehlten Arbeitsfläche zu einem Rechteck (40 x 25 cm) ausrollen. Einmal längs halbieren und die Hälften jeweils in 3 Quadrate schneiden. Diese auf das Blech setzen.

2 Die Kirschfüllung vorbereiten

Die Kirschen in eine Schüssel geben und mit Brandy oder Cognac (falls verwendet) beträufeln. Kirschen mit Zucker und Mehl vermischen.

3 Die Ecken füllen und backen

Ei und Milch verquirlen. Die Ränder der Teigquadrate mit dieser Mischung bestreichen. Jeweils etwa 3 Esslöffel Kirschen in die Mitte eines Teigquadrats geben und dieses zu einem Dreieck zusammenklappen. Die Ränder mit einer Gabel festdrücken. Die Kirschecken mit der restlichen Eiermilch bestreichen und mit grobem Zucker bestreuen. Im Ofen 15–18 Minuten goldbraun backen. Auf dem Blech auf einem Kuchengitter kurz abkühlen lassen und warm servieren.

Tipp

Sie können die Blätterteigecken auch mit anderen Früchten der Saison füllen. Im Sommer mit gewürfeltem Fruchtfleisch von 2 Pfirsichen, im Winter mit dem Fruchtfleisch von 2 Birnen.

Teekuchen mit Erdbeeren

Erdbeeren, 380 g, geputzt und in Scheiben

Zucker, 100 g

Mehl, 150 g

Backpulver, 1 ½ Teelöffel

Salz, ¼ Teelöffel

kalte Butter, 60 g, in Würfeln

Sahne, 250 ml

Vanille-Extrakt (Essenz), ½ Teelöffel

FÜR 4 PERSONEN

1 Die Erdbeeren vorbereiten

Die Erdbeeren in einer Schüssel mit 2 Esslöffel Zucker bestreuen und beiseite stellen. Ofen auf 220 °C vorheizen. Ein Backblech mit Backpapier belegen.

2 Die Teekuchen zubereiten

Mehl, 3 Esslöffel Zucker, Backpulver und Salz in einer Schüssel vermengen. Butter mit einer Palette oder 2 Messern unterarbeiten, bis etwa erbsengroße Streusel entstehen. 80 ml Sahne zufügen und das Ganze vermischen, bis ein weicher Teig entsteht. Eventuell noch 1–2 Esslöffel Sahne zufügen. Den Teig mit bemehlten Händen in 4 Portionen teilen und jede Portion zu einem 2 cm dicken Kreis formen. Die Kreise mit ausreichendem Abstand zueinander auf das Blech setzen. 12–15 Minuten goldbraun backen. Dann auf einem Kuchengitter kurz abkühlen lassen.

3 Die Teekuchen füllen

Inzwischen restliche Sahne zusammen mit restlichem Zucker und Vanille-Extrakt steif schlagen. Die Teekuchen jeweils quer halbieren und die untere Hälfte auf einen Teller legen. Jeweils mit Erdbeerscheiben belegen, mit einem Klecks Sahne versehen und die zweite Hälfte daraufsetzen. Sofort servieren.

In 15 Minuten vorbereitet

Heidelbeer-auflauf

Butter für die Form

Heidelbeeren, 380 g

Zucker, 3 Esslöffel

Mehl, 160 g

Zimtpulver, ½ Teelöffel

Backpulver, 1 ½ Teelöffel

Salz, ¼ Teelöffel

kalte Butter, 60 g, in Würfeln

Sahne, 90–125 ml

Vanilleeiscreme, zum Servieren (optional)

FÜR 6 PERSONEN

1 Die Beeren vorbereiten

Den Ofen auf 200 °C vorheizen. Eine quadratische Auflaufform (23 cm) mit Butter ausstreichen. Heidelbeeren, 2 Esslöffel Zucker, 1 Esslöffel Mehl und Zimt in einer Schüssel vermengen. Die Beeren gleichmäßig auf dem Boden der Form verteilen.

2 Den Teig zubereiten

Restliches Mehl, restlichen Zucker, Backpulver und Salz in einer Schüssel vermengen. Butter mit einer Palette oder 2 Messern unterarbeiten, bis etwa erbsengroße Streusel entstehen. Die Sahne zufügen und mit einem Teigspatel vorsichtig untermischen. Der Teig sollte weich sein, eventuell weitere 1–2 Esslöffel Sahne zufügen. Den Teig mit Hilfe von 2 Esslöffeln in Häubchenform auf den Beeren verteilen.

3 Den Auflauf backen

Den Auflauf im Ofen etwa 20 Minuten goldbraun backen. In der Form auf einem Kuchengitter kurz abkühlen lassen. Den warmen Auflauf auf Teller oder Schalen verteilen. Jede Portion nach Belieben mit 1 Kugel Vanilleeis versehen und das Ganze servieren.

Tipp

Frische Sommerbeeren wie Himbeeren, Heidelbeeren und Brombeeren lassen sich bis zu 4 Monate einfrieren. Frieren Sie die Beeren zuerst offen auf einem Blech ein und anschließend portionsweise in Plastikbeuteln.

Tipp

Wenn Mais gerade Saison hat, können Sie für dieses Rezept auch frischen Mais verwenden. 2 Maiskolben in kochendem Wasser blanchieren und dann jeweils mit einem scharfen Messer den Kolben entlang schneiden, um die Körner auszulösen.

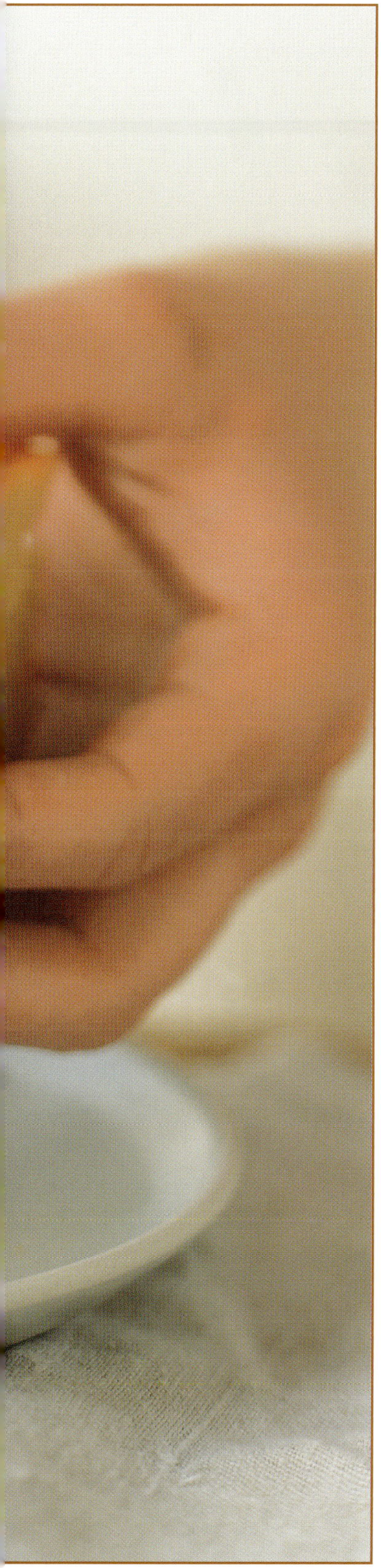

Herzhaftes Maisbrot

1 Die Backform vorbereiten

Ofen auf 220 °C vorheizen. Eine Kastenform (23 cm) mit Butter ausstreichen.

2 Den Teig zubereiten

Maismehl, Mehl, Zucker, Backpulver, Speisenatron und Salz in einer großen Schüssel vermischen. In einer zweiten Schüssel saure Sahne, Eier, Milch und Butter verquirlen. Die Mischung zum Mehl geben und das Ganze gründlich verrühren. Maiskörner und Chilischoten unterrühren. Den Teig in die Form füllen und glatt streichen. Mit Käse bestreuen.

3 Das Maisbrot backen

Das Brot etwa 20 Minuten backen, bis an einem in die Mitte gesteckten Holzstäbchen keine Teigreste mehr haften bleiben. In der Form auf einem Kuchengitter kurz abkühlen lassen. Dann stürzen, in Scheiben schneiden und warm servieren.

Butter für die Form

Maismehl, 150 g

Mehl, 150 g

hellbrauner Zucker, 3 Esslöffel

Backpulver, 1 Teelöffel

Speisenatron, 1 Teelöffel

Salz, ½ Teelöffel

saure Sahne, 250 g

Eier, 2

Milch, 60 ml

geschmolzene Butter, 60 g

Maiskörner, 280 g, aus der Dose, abgetropft, oder aufgetaute Tiefkühlware

eingelegte grüne Chilischoten, 50 g, gehackt

Greyerzer oder anderer würziger Hartkäse 50 g, fein gerieben

FÜR EINE KASTENFORM (23 CM)

Clafoutis mit Aprikosen

Butter für die Förmchen

Aprikosen 500 g, entsteint und geviertelt

Brandy oder Cognac, 2 Teelöffel

Eier, 2

Milch, 180 ml

Kristallzucker, 90 g

Zitronenschale, 1 Teelöffel, fein gerieben

Vanille-Extrakt (Essenz), 1 Teelöffel

Salz, 1 Prise

Mehl, 50 g

Puderzucker, 2 Esslöffel

FÜR 4 PERSONEN

1 Die Förmchen vorbereiten

Den Ofen auf 180 °C vorheizen. 4 Auflaufförmchen mit je 250 ml Fassungsvermögen mit Butter ausstreichen. Die Aprikosenviertel auf die Förmchen verteilen und mit Brandy oder Cognac beträufeln.

2 Den Teig anrühren

Eier, Milch, Zucker, Zitronenschale, Vanille, Salz und Mehl in einer Schüssel mit dem Mixer kräftig verrühren. Den Teig auf den Aprikosen verteilen.

3 Die Clafoutis backen

Das Ganze auf der mittleren Schiene 23–25 Minuten backen, bis die Teigoberfläche goldbraun ist. Kurz auf einem Kuchengitter abkühlen lassen. Die Clafoutis mit Puderzucker bestäuben und servieren.

Variation

Sie können die Aprikosen auch durch Kirschen, Pflaumen oder Birnen ersetzen. Jeweils 380 g Früchte verwenden. Kirschen entsteinen, Pflaumen ebenfalls entsteinen und halbieren. Birnen schälen, vom Kerngehäuse befreien und das Fruchtfleisch grob würfeln.

Tipp

Nach Belieben können Sie auch Himbeer-, Kirsch- oder Heidelbeerkonfitüre verwenden. Die Kekse können Sie bis zu 5 Tage in einem luftdicht verschlossenen Behälter aufbewahren oder bis zu 1 Monat einfrieren.

Kokos-Brombeer-Kekse

Ei, 1

Zucker, 150 g

Vanille-Extrakt (Essenz), 1 Teelöffel

Zitronenschale, 2 Teelöffel, fein gerieben

Kokosraspel, 150 g

Brombeerkonfitüre, 80 g

ERGIBT ETWA 30 KEKSE

1 Die Backbleche vorbereiten

Den Ofen auf 180 °C vorheizen. 2 Backbleche mit Backpapier belegen.

2 Den Teig zubereiten

Das Ei in einer Schüssel mit dem Mixer schaumig schlagen. Nach und nach Zucker, Vanille und Zitronenschale unterrühren. Den Teig mit dem Mixer etwa 5 Minuten kräftig rühren. Die Kokosraspel mit einem Teigspatel unterziehen. Den Teig mit einem Esslöffel auf den Blechen verteilen, dabei ausreichenden Abstand zwischen den Teighäufchen lassen. In jedes Teighäufchen mit einem Teelöffel eine kleine Mulde drücken und die Brombeerkonfitüre in diese Mulden geben.

3 Die Kekse backen

Die Kekse etwa 15 Minuten goldbraun backen. Ofen ausschalten und die Kekse 10–15 Minuten darin trocknen lassen. Auf den Blechen 5 Minuten abkühlen, anschließend auf Kuchengittern vollständig abkühlen lassen.

Zimt-Walnuss-Kuchen

Butter und Semmelbrösel für die Form

Mehl, 300 g

Backpulver, 1 ½ Teelöffel

Speisenatron, ½ Teelöffel

Salz, ¼ Teelöffel

zimmerwarme Butter, 130 g

saure Sahne, 190 g

Eier, 2

Orangenschale, 1 Esslöffel, fein gerieben

Zucker, 240 g

Vanille-Extrakt (Essenz), 1 Teelöffel

Zimtpulver, 2 Teelöffel

Walnüsse, 130 g, geröstet und gehackt

FÜR EINE KASTENFORM (23 CM)

1 Den Teig zubereiten

Ofen auf 180 °C vorheizen. Eine Kastenform (23 cm) mit Butter ausstreichen und mit Semmelbröseln ausstreuen. Mehl, Backpulver, Speisenatron und Salz in einer Schüssel gut vermischen. In einer zweiten Schüssel Butter, saure Sahne, Eier, Orangenschale, 180 g Zucker sowie die Vanille mit einem Mixer kräftig schaumig schlagen. Nach und nach die Mehlmischung unterrühren.

2 Die Form füllen

Restlichen Zucker, Zimt und Walnüsse gründlich vermengen. Die Hälfte des Teigs in die Form füllen, glatt streichen und gleichmäßig mit der Zucker-Zimt-Mischung bestreuen. Restlichen Teig darübergeben, glatt streichen und die restliche Zucker-Zimt-Mischung auf der Teigoberfläche verteilen.

3 Den Kuchen backen

Im Ofen 25–30 Minuten backen, bis an einem in die Mitte gesteckten Holzstäbchen keine Teigreste mehr haften bleiben. Den Kuchen in der Form auf einem Kuchengitter etwas abkühlen lassen. Dann stürzen, in Scheiben schneiden und warm servieren.

Tipp

Mit einer feinen Gewürzreibe lassen sich Zitrusschalen ganz leicht abreiben. Zucker ist ein Geschmacksträger. Vermischen Sie Zitrusschalen mit 1/2 Teelöffel Zucker, bevor Sie sie unter eine Masse rühren.

Pfirsichauflauf

Butter für die Form

Semmelbrösel, 250 g, gute Qualität, möglichst beim Bäcker kaufen

geschmolzene Butter, 90 g

hellbrauner Zucker, 90 g

Muskatnuss, 1/4 Teelöffel, frisch gerieben

vollreife Pfirsiche, 1 kg, geschält, entsteint und geachtelt

Vanilleeiscreme oder Schlagsahne, zum Servieren

FÜR 6 PERSONEN

1 Die Semmelbröselmischung zubereiten

Den Ofen auf 190 °C vorheizen. Eine Auflaufform dünn mit Butter ausstreichen. Semmelbrösel sowie geschmolzene Butter in eine Schüssel geben und mit einer Gabel gründlich vermengen, bis alle Brösel von Fett überzogen sind. Zucker und Muskatnuss untermischen.

2 Die Form füllen

Die Hälfte der Pfirsichachtel auf dem Boden der Form auslegen. Gleichmäßig mit der Hälfte der Bröselmischung bedecken. Restliche Pfirsiche darübergeben und mit der restlichen Semmelbröselmischung abschließen.

3 Den Auflauf backen

Die Form mit Alufolie verschließen. Den Auflauf 15 Minuten backen. Dann die Folie entfernen und das Ganze nochmals 15 Minuten backen. Herausnehmen und vor dem Servieren 20 Minuten auf einem Kuchengitter abkühlen lassen. Den Auflauf portionsweise in tiefe Teller geben. Jeweils mit 1 Kugel Vanilleeis oder etwas Schlagsahne versehen und servieren.

Blechkuchen mit Mandeln

Butter für das Blech

Mehl, 200 g

Backpulver, 1 Teelöffel

Speisenatron, ½ Teelöffel

Salz, ¼ Teelöffel

zimmerwarme Butter, 190 g

hellbrauner Zucker, 220 g

Eier, 2

Vanille-Extrakt (Essenz), 1 Teelöffel

Mandelblättchen, 80 g

ERGIBT ETWA 16 STÜCK

1 Das Backblech vorbereiten

Den Ofen auf 180 °C vorheizen. Ein Backblech mit Butter ausstreichen.

2 Den Teig zubereiten

Mehl, Backpulver, Speisenatron sowie Salz in einer Schüssel gründlich vermengen. In einer zweiten Schüssel Butter und Zucker mit dem Mixer schaumig schlagen. Eier und Vanille unterrühren. Die Mehlmischung dazusieben und gut untermengen. Den Teig auf dem Blech rechteckig etwa 4 cm dick verstreichen. Mit Mandelblättchen belegen.

3 Den Blechkuchen backen

Den Blechkuchen etwa 30 Minuten backen, bis an einem in die Mitte gesteckten Holzstäbchen keine Teigreste mehr haften bleiben. Auf dem Blech vollständig abkühlen lassen. Mit einem scharfen Messer in Quadrate schneiden und servieren.

Tipp

Besonders lecker schmeckt dieser Blechkuchen, wenn Sie jede Portion mit 1 Kugel Vanilleeis versehen und mit geschmolzener Kuvertüre übergießen. Sofort servieren.

Tipp

Melasse hat zu Unrecht einen schlechten Ruf als Abfallprodukt der Zuckerproduktion. Dabei ist sie sehr gesund und enthält wichtige Vitalstoffe. Melasse erhalten Sie in Reformhäusern und Bioläden. Melassekonzentrat ist besonders hochwertig.

Ingwerbrot-Kuchen

1 Die Form vorbereiten

Den Ofen auf 180 °C vorheizen. Eine Springform mit 23 cm Durchmesser mit Butter ausstreichen und mit Mehl ausstreuen. Überschüssiges Mehl abklopfen.

2 Den Teig zubereiten

Mehl, Speisenatron, Salz, Ingwer, Zimt und Pfeffer in einer Schüssel gut vermischen. In einer zweiten Schüssel Butter, Zucker und Melasse mit dem Mixer schaumig schlagen. Saure Sahne und Eier unterrühren. Die Mehlmischung zufügen und gründlich untermischen. Den Teig in die Form füllen und glatt streichen.

3 Den Kuchen backen

30–35 Minuten backen, bis an einem in die Mitte gesteckten Holzstäbchen keine Teigreste mehr haften bleiben. Den Kuchen in der Form auf einem Kuchengitter gute 5 Minuten abkühlen lassen. Aus der Form lösen, auf eine Kuchenplatte setzen und kurz abkühlen lassen. In Stücke schneiden und servieren.

Butter für die Form

Mehl, 300 g

Speisenatron, 1 ½ Teelöffel

Salz, ¼ Teelöffel

Ingwerpulver, 1 Teelöffel

Zimtpulver, 1 Teelöffel

weißer Pfeffer, ¼ Teelöffel

geschmolzene Butter, 130 g

hellbrauner Zucker, 100 g

Melasse (Zuckersirup) , 170 g

saure Sahne, 130 g

Eier, 2

FÜR EINE SPRINGFORM (23 CM)

Feiner Schokoladen-kuchen

Eier, 6

Salz, 1/8 Teelöffel

Butter, 190 g

Bitterschokolade (50 % Kakao), 250 g, grob gehackt

Kuvertüre, 50 g, gehackt

Kristallzucker, 130 g

hellbrauner Zucker, 100 g

Cognac oder Rum, 2 Esslöffel

Mehl, 60 g

Puderzucker, 2 Esslöffel

FÜR EINE SPRINGFORM (23 CM)

1 Die Form vorbereiten

Ofen auf 180 °C vorheizen. Den Boden einer Springform (23 cm) mit Backpapier auslegen.

2 Den Teig zubereiten

Die Eier trennen. Die Eiweiße zusammen mit dem Salz steif schlagen. Butter, Schokolade sowie Kuvertüre in einem Topf unter Rühren schmelzen. Vom Herd nehmen. Eigelbe, Kristallzucker und hellbraunen Zucker mit dem Mixer 5 Minuten kräftig aufschlagen, bis die Masse voluminös und fast weiß ist. Cognac oder Rum und die Schokoladenmasse unterrühren. Den Eischnee auf den Teig geben, das Mehl darüber sieben und das Ganze mit einem Schneebesen vermengen, bis kein Mehl mehr sichtbar ist. Dabei nicht rühren, sondern von unten nach oben schlagen.

3 Den Kuchen backen

Den Teig in die Springform füllen und glatt streichen. Auf der mittleren Schiene des Ofens 30–35 Minuten backen. Dann in der Form 10 Minuten abkühlen lassen. Aus der Form lösen, das Backpapier entfernen und den Kuchen auf einem Kuchengitter vollständig abkühlen lassen. Vor dem Servieren mit Puderzucker bestäuben.

Tipp

Für ein raffiniertes Dessert reichen Sie köstliches Himbeerpüree dazu. 250 g frische Himbeeren durch ein feines Sieb streichen. Mit Zucker und Zitronensaft abschmecken.

Tipp

Sie können den Kuchen natürlich auch in einer Kastenform backen. Die Form ausfetten, mit Mehl ausstäuben und mit Teig füllen.

Bananen-Honig-Kuchen

1 Die Form vorbereiten

Den Ofen auf 180 °C vorheizen. Eine quadratische Backform (23 x 23 cm) mit Butter ausstreichen und mit Mehl ausstreuen. Überschüssiges Mehl abklopfen.

2 Den Teig zubereiten

Mehl, Backpulver, Speisenatron, Zimt und Salz in einer Schüssel gut vermischen. In einer zweiten Schüssel Butter und Zucker mit dem Mixer schaumig schlagen. Den Honig, dann die Eier einzeln unterrühren. Abwechselnd Mehlmischung und zerdrückte Bananen zufügen und kräftig weiterrühren, bis alle Teigzutaten gut vermischt sind. Den Teig in die Form füllen, glatt streichen und mit Nüssen oder Mandeln bestreuen.

3 Den Kuchen backen

Im Ofen 35–40 Minuten backen, bis an einem in die Mitte gesteckten Holzstäbchen keine Teigreste mehr haften bleiben. Den Kuchen in der Form auf einem Kuchengitter vollständig abkühlen lassen. Dann stürzen, in Scheiben schneiden und servieren.

Butter für die Form

Mehl, 350 g

Backpulver, 1 Teelöffel

Speisenatron, 1 Teelöffel

Zimtpulver, 1 Teelöffel

Salz, ½ Teelöffel

zimmerwarme Butter, 160 g

hellbrauner Zucker, 100 g

flüssiger Honig, 190 g

Eier, 2

vollreife Bananen, 2, geschält und zerdrückt

Walnüsse oder Mandeln, 80 g, gehackt

FÜR EINE BACKFORM (23 X 23 CM)

Zitronen-Buttermilch-Schnitten

Butter für die Form

zimmerwarme Butter, 90 g

Kristallzucker, 220 g

Mehl, 90 g, plus 2 Esslöffel

Salz, 1/8 Teelöffel

Eier, 2

Zitronenschale, 1 Esslöffel, fein gerieben

Zitronensaft, 80 ml, frisch gepresst

Buttermilch, 125 ml

Puderzucker, zum Bestäuben

ERGIBT 8 STÜCK

1 Den Teigboden backen

Den Ofen auf 180 °C vorheizen. Eine quadratische Backform (20 x 20 cm) mit Butter ausstreichen. Butter und 60 g Zucker mit dem Mixer schaumig schlagen. 90 g Mehl und Salz unterrühren. Den Teig auf dem Boden der Form verteilen und kräftig andrücken. Im Ofen 15–18 Minuten knusprig und goldbraun backen.

2 Die Füllung zubereiten

Inzwischen die Eier und den restlichen Zucker schaumig schlagen. 2 Esslöffel Mehl, Zitronenschale sowie -saft und Buttermilch unterrühren. Die Masse auf dem vorgebackenen Boden verteilen.

3 Den Kuchen backen

Im Ofen 20–25 Minuten backen, bis die Füllung fest und an den Rändern leicht gebräunt ist. In der Form auf einem Kuchengitter vollständig abkühlen lassen. Anschließend den Kuchen stürzen, in 8 rechteckige Stücke schneiden und jeweils mit Puderzucker bestäuben.

Tipp

Behalten Sie die Streusel beim Backen im Auge. Sollten sie braun werden, bevor die Äpfel weich sind, decken Sie die Form mit Alufolie ab und reduzieren Sie die Temperatur auf 180 °C. Diesen Trick können Sie bei allen Backwaren anwenden, deren Oberfläche zu stark bräunt, bevor der Rest gut durchgebacken ist.

Apfelstreusel-kuchen

1 Die Äpfel vorbereiten

Den Ofen auf 190 °C vorheizen. Eine Quiche- oder Springform mit Butter ausstreichen. Die Äpfel schälen, vom Kerngehäuse befreien und in dünne Spalten schneiden. Die Spalten in eine Schüssel geben und darin mit Zitronensaft sowie Zucker vermischen. Gleichmäßig in der Form verteilen.

2 Die Streusel zubereiten

Haferflocken, braunen Zucker, Mehl, Zimt, Salz und Walnüsse (falls verwendet) vermengen. Geschmolzene Butter zufügen und das Ganze mit einer Gabel zu groben Streuseln verarbeiten. Die Apfelspalten mit den Streuseln bedecken.

3 Den Kuchen backen

Im Ofen 35–45 Minuten backen, bis die Äpfel weich und die Streusel goldbraun sind. Kurz auf einem Kuchengitter abkühlen lassen. Portionsweise auf Dessertteller geben und nach Belieben Vanilleeis oder Schlagsahne dazu reichen.

Butter für die Form

säuerliche Äpfel, z. B. Granny Smith, ca. 1 kg

Zitronensaft, 1 Esslöffel

Zucker, 2 Esslöffel

Haferflocken, 80 g

brauner Zucker, 100 g

Mehl, 60 g

Zimtpulver, 1 Teelöffel

Salz, 1 Prise

Walnüsse, 60 g, gehackt (optional)

geschmolzene Butter, 90 g

Schlagsahne oder Vanilleeiscreme, zum Servieren (optional)

FÜR 6 PERSONEN

Zitronen-Mohn-Tarte

zimmerwarme Butter, 150 g

Puderzucker, 60 g

Zitronenschale, 2 Teelöffel, fein gerieben

Mehl, 250 g

gemahlener Mohn, 50 g

Salz, 1 Prise

ERGIBT 12 STÜCK

1 Backofen vorheizen

Ofen auf 170 °C vorheizen. Eine Springform mit 23 cm Durchmesser bereitstellen.

2 Den Teig zubereiten

Butter, Puderzucker und Zitronenschale in einer großen Schüssel mit dem Mixer schaumig schlagen. Mehl dazusieben und unterrühren. Mohn sowie Salz zufügen und das Ganze zu einem glatten Teig verarbeiten.

3 Die Tarte backen

Den Teig in die Form geben und gleichmäßig flach drücken. Mehrmals mit einer Gabel einstechen. Die Tarte 45–50 Minuten goldbraun backen. Auf einem Kuchengitter in der Form vollständig abkühlen lassen. Aus der Form lösen, auf eine Kuchenplatte legen und mit einem Torteneinteiler 12 Stücke markieren. Die Tarte mit einem scharfen Messer in Stücke schneiden.

Tipp

Sie können den Teig im Voraus zubereiten, zu zwei Rollen (5 cm Durchmesser) formen, in Klarsichtfolie verpacken und 2 Tage im Kühlschrank oder 2 Monate im Tiefkühlgerät aufbewahren. Vor dem Backen auftauen und ausrollen.

Tipp

Gut gekühltes Eiweiß lässt sich besser steif schlagen als handwarmes. Achten Sie beim Eiertrennen darauf, dass keinerlei Eigelb in das Eiweiß gerät, sonst wird der Schnee nicht steif. Die Schüssel, in der Sie den Schnee schlagen, muss absolut sauber und fettfrei sein, ebenso die Quirlhaken des Handrührgeräts oder der Küchenmaschine.

Luftiger Orangenkuchen

1 Den Teig anrühren

Ofen auf 165 °C vorheizen. Mehl, Zucker, Backpulver und Salz vermischen und dann auf ein großes Stück Backpapier sieben. Rapsöl, Eigelbe, Orangenschale sowie -saft und 60 ml Wasser in einer Schüssel mit dem Mixer schaumig schlagen. Die Mehlmischung unter Rühren auf einmal dazugeben und das Ganze zu einem glatten Teig verarbeiten.

2 Den Eischnee schlagen

Die Eiweiße zusammen mit dem Weinstein sehr steif schlagen. Der Eischnee sollte Spitzen ziehen. Die Hälfte des Eischnees mit einem Teigspatel vorsichtig unter den Teig mischen. Restlichen Eischnee rasch mit einem Schneebesen unterziehen. Den Teig in eine Springform (25 cm) füllen und glatt streichen.

3 Den Kuchen backen

50–60 Minuten backen, bis an einem in die Mitte gesteckten Holzstäbchen keine Teigreste mehr haften bleiben. Den Kuchen auf einem Gitter etwa 1 Stunde abkühlen lassen. Dann mit Hilfe eines scharfen Messers vorsichtig aus der Form lösen und auf eine Kuchenplatte setzen. In Stücke schneiden und servieren.

Mehl, 250 g

feiner Zucker, 380 g

Backpulver, 1 Esslöffel

Salz, 1 Teelöffel

Rapsöl, 125 ml

Eigelb, 6

Orangenschale, 2 Esslöffel, fein gerieben

Orangensaft, 125 ml, frisch gepresst

Eiweiß, 8

Weinstein, ½ Teelöffel

FÜR EINE SPRINGFORM (25 CM)

Dattel-Nuss-Kuchen

Butter, 4 Esslöffel

Datteln, 230 g, entkernt und gehackt

Speisenatron, 1 Teelöffel

kochend heißes Wasser, 180 ml

Eier, 2

hellbrauner Zucker, 190 g

Mehl, 230 g

Zimtpulver, 1 Teelöffel

Salz, 1/8 Teelöffel

Pekannüsse, 90 g, geröstet und gehackt

FÜR EINE KASTENFORM

1 Die Form vorbereiten

Den Ofen auf 180 °C vorheizen. Eine Kastenform dünn mit Butter ausstreichen.

2 Den Teig zubereiten

Butter, Datteln und Speisenatron in einer Schüssel vermischen. Mit kochend heißem Wasser übergießen und etwa 5 Minuten stehen lassen, bis die Datteln weich werden. Inzwischen Eier und Zucker in einer zweiten Schüssel schaumig schlagen. Die Dattelmischung, Mehl, Zimt und Pekannüsse zufügen. Das Ganze zu einem glatten Teig verrühren. In die Form füllen und glatt streichen.

3 Den Kuchen backen

Etwa 1 Stunde backen, bis an einem in die Mitte gesteckten Holzstäbchen keine Teigreste mehr haften bleiben. Auf einem Kuchengitter in der Form 10 Minuten abkühlen lassen. Den Kuchen mit Hilfe eines scharfen Messers aus der Form lösen und auf dem Kuchengitter vollständig abkühlen lassen.

Variation

Mit diesem Teig lassen sich auch Muffins herstellen. 12 Muffinförmchen mit Muffinpapier auslegen und zu drei Viertel mit Teig füllen. Im vorgeheizten Ofen bei 190 °C etwa 25 Minuten backen.

Mandelgugelhupf

Butter für die Form

zimmerwarme Butter, 250 g

Kristallzucker, 500 g

Eier, 6

Vanille-Extrakt (Essenz), 1 1/2 Teelöffel

Mandel-Extrakt, 1/2 Teelöffel

Mehl, 470 g

Speisenatron, 1/4 Teelöffel

Salz, 1/4 Teelöffel

saure Sahne, 250 g

gemahlene Mandeln, 140 g

Puderzucker, zum Bestäuben

FÜR EINE GUGELHUPF-FORM

1 Die Form vorbereiten

Den Ofen auf 180 °C vorheizen. Eine große Gugelhupfform mit Butter ausstreichen und mit Mehl ausstäuben. Überschüssiges Mehl abklopfen.

2 Den Teig zubereiten

Butter und Zucker in einer großen Schüssel mit dem Mixer schaumig schlagen. Die Eier einzeln unterrühren. Vanille- und Mandel-Extrakt untermischen. Mehl, Speisenatron sowie Salz vermengen. Abwechselnd mit der sauren Sahne unter die Buttermasse rühren. Zum Schluss die gemahlenen Mandeln gründlich unterrühren. Den Teig in die Form füllen und glatt streichen.

3 Den Gugelhupf backen

1–1 1/4 Stunden backen, bis an einem in die Mitte gesteckten Holzstäbchen keine Teigreste mehr haften bleiben. Auf einem Kuchengitter in der Form vollständig abkühlen lassen. Anschließend den Gugelhupf stürzen. Vor dem Servieren mit Puderzucker bestäuben.

Ricottaschnitten mit Cranberries

getrocknete Cranberries, 60 g

Orangenlikör, 3 Esslöffel

tiefgekühlter Blätterteig, 1 Lage, aufgetaut

Ricotta (Frischkäse), 500 g

Eier, 2 große

Kristallzucker, 160 g

Speisestärke, 2 Esslöffel

Vanille-Extrakt (Essenz), 1 ½ Teelöffel

kandierte Orangenschale, 60 g, fein gehackt

Puderzucker, zum Bestäuben

FÜR 10–12 PERSONEN

1 Den Teigboden vorbacken

Ofen auf 220 °C vorheizen. Ein Blech mit Backpapier belegen. Cranberries in einer kleinen Schüssel mit dem Orangenlikör beträufeln. Den Blätterteig auf einer bemehlten Arbeitsfläche zu einem Rechteck (40 x 30 cm) ausrollen. Auf das Blech legen, rundherum einen 2,5 cm breiten Rand einschlagen und mit einer Gabel ein Muster in den Rand drücken. Den Teig für 5 Minuten ins Tiefkühlfach stellen. Dann mehrmals mit einer Gabel einstechen und 15–17 Minuten backen.

2 Den Belag zubereiten

Inzwischen Ricotta, Eier, Zucker, Speisestärke und Vanille mit dem Mixer gründlich verrühren. Orangenschale und Beeren mitsamt Likör unterrühren. Die Masse gleichmäßig auf dem vorgebackenen Teigboden verstreichen.

3 Das Ganze backen

Temperatur auf 180 °C reduzieren und das Ganze etwa 15 Minuten backen. Auf einem Kuchengitter vollständig abkühlen lassen und dann mindestens 1 Stunde kühl stellen. Mit Puderzucker bestäuben, in gleich große Stücke schneiden und servieren.

Tipp

Kandierte Orangenschale können Sie auch selbst herstellen: Die Schalenzesten von 2 Orangen 5 Minuten in Wasser kochen. Gut abtropfen lassen. 250 g Zucker, 125 ml Wasser und 3 Esslöffel Maissirup unter Rühren zum Kochen bringen. Die Zesten darin 1 Stunde simmern lassen. Abtropfen und abkühlen lassen, dann in Zucker wälzen.

Tipp

Tiefgekühlten Filoteig finden Sie in jedem gut sortierten Supermarkt. Über Nacht langsam im Kühlschrank auftauen lassen, bevor Sie den Teig in einzelne Lagen teilen. Bis zum Gebrauch mit Klarsichtfolie abdecken, damit er nicht austrocknet.

Spinat-Feta-Strudel

1 Die Füllung vorbereiten
Ofen auf 190 °C vorheizen. Ein Blech mit Backpapier belegen. Das Olivenöl in einer großen Pfanne erhitzen. Die Frühlingszwiebeln darin etwa 4 Minuten andünsten. Spinat zufügen und in 1 Minute zusammenfallen lassen. Vom Herd nehmen und Petersilie sowie Muskatnuss untermischen. Mit Salz und Pfeffer abschmecken. Eier in einer großen Schüssel verquirlen. Den Feta und die Spinatmischung untermengen.

2 Den Strudel füllen
1 Lage Filoteig auf einer Arbeitsfläche auslegen. Mit geschmolzener Butter bestreichen. Eine weitere Lage Teig daraufgeben und mit Butter bestreichen. Den Vorgang wiederholen, bis alle Teiglagen aufgebraucht sind. Auf ein sauberes Küchentuch legen. Die Füllung als Strang an einer langen Seite der Teigplatte platzieren, dabei einen etwa 4 cm breiten Rand frei lassen. Mit 1 Esslöffel Sesam bestreuen. Den Strudel mit Hilfe des Tuchs vorsichtig aufrollen. Mit der Naht nach unten auf das Blech setzen.

3 Den Strudel backen
Den Strudel mit Butter bestreichen und mit dem restlichen Sesam bestreuen. Im Ofen 30–35 Minuten goldbraun backen. Auf einem Kuchengitter kurz abkühlen lassen. In Scheiben schneiden und heiß servieren.

Olivenöl, 1 Esslöffel

Frühlingszwiebeln, 8, fein gehackt

junger Spinat, 500 g, gewaschen und gehackt

Petersilie, 3 Esslöffel, fein gehackt

Muskatnuss, ½ Teelöffel, frisch gerieben

Salz und Pfeffer aus der Mühle

Eier, 3

Feta, 200 g, zerkrümelt

tiefgekühlter Filoteig, 500 g, aufgetaut

geschmolzene Butter, 3–4 Esslöffel, leicht abgekühlt

Sesamsamen, 2 Esslöffel

FÜR 6 PERSONEN

Auf Vorrat

Schokosterne

SCHOKOLADENTEIG

zimmerwarme Butter, 380 g

hellbrauner Zucker, 650 g

Eier, 3

Vanille-Extrakt (Essenz), 1 Esslöffel

Mehl, 550 g

Kakaopulver, 90 g, plus 2 Esslöffel

Speisenatron, 1 ½ Teelöffel

Weinstein, 1 ½ Teelöffel

Salz, ¾ Teelöffel

Hagelzucker, etwa 4 Esslöffel, zum Bestreuen

ERGIBT ETWA 40 KEKSE

ergibt insgesamt 3 Portionen Plätzchenteig

Dieser Schokoladenteig ist schnell gemacht und reicht für drei Plätzchensorten: für Schokosterne, für Schokotaler mit Eiscreme und für mit Mokkacreme gefüllte Plätzchen auf den folgenden Seiten.

1 Den Teig zubereiten
Butter und Zucker in einer großen Schüssel mit dem Mixer schaumig schlagen. Eier sowie Vanille unterrühren. In einer zweiten Schüssel Mehl, Kakaopulver, Speisenatron, Weinstein und Salz vermengen. Diese Mischung nach und nach unter die Buttermasse rühren. Den Teig auf eine bemehlte Arbeitsfläche geben und in 3 gleich große Portionen teilen. Jede Portion zu einem Kreis flach drücken und in Klarsichtfolie wickeln. 1 Portion für mindestens 1 Stunde kühl stellen, restliche Portionen für die spätere Weiterverwendung lagern (siehe Tipp).

2 Den Teig ausrollen
Den Ofen auf 180° C vorheizen. 2 Bleche mit Backpapier belegen. Den Teig auf einer Arbeitsfläche zwischen Klarsichtfolie 3 mm dick ausrollen. Mit einem bemehlten Sternausstecher (5 cm) etwa 40 Sternkekse ausstechen. Die Kekse mit ausreichendem Abstand zueinander auf die Bleche setzen. Mit Hagelzucker bestreuen.

3 Die Kekse backen
Auf der mittleren Schiene des Ofens 8–10 Minuten backen. Kurz auf den Blechen abkühlen lassen, dann auf Kuchengitter setzen und vollständig abkühlen lassen.

Tipp

Diesen Schokoladenteig können Sie im Kühlschrank 3 Tage und im Gefriergerät bis zu 1 Monat aufbewahren. Vor dem Einfrieren zusätzlich in einen luftdicht verschließbaren Plastikbeutel geben. Vor der Verwendung über Nacht im Kühlschrank auftauen lassen.

Tipp

Wälzen Sie die mit Eiscreme gefüllten Taler kurz vor dem Einfrieren in Schokostreuseln. Das sieht hübsch aus und schmeckt lecker.

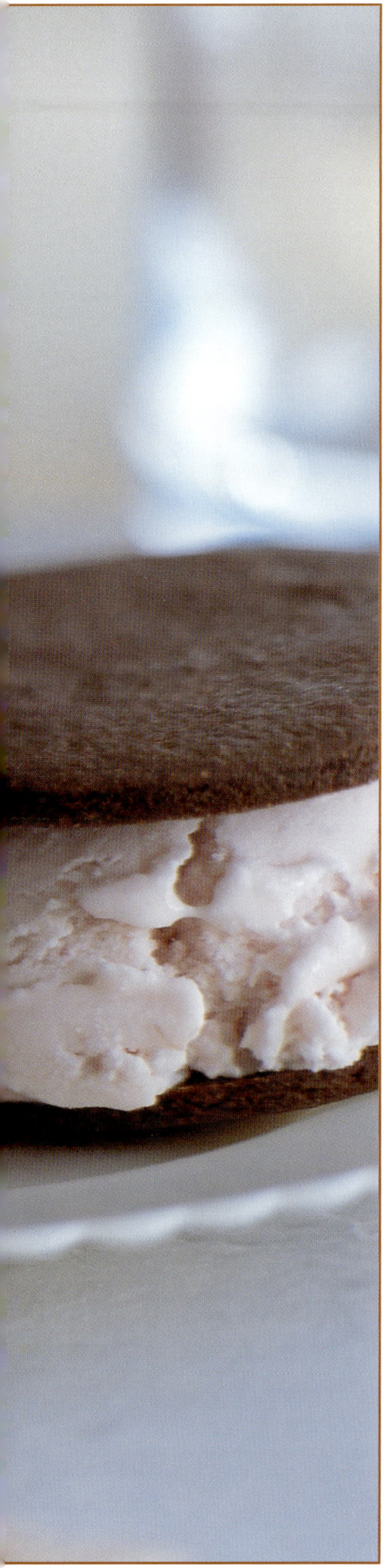

Schokotaler mit Eiscreme

Schokoladenteig (Seite 70), 1 Portion, zimmerwarm

Eiscreme, 750 ml Erdbeereis, Vanilleeis oder Ihre Lieblingssorte

ERGIBT 8 STÜCK

1 Den Teig ausrollen und Taler ausstechen

Den Ofen auf 180 °C vorheizen. 2 Bleche mit Backpapier belegen. Den Schokoladenteig auf einer Arbeitsfläche zwischen Klarsichtfolie 6 mm dick ausrollen. Mit einem runden Ausstechförmchen (7,5 cm) oder einem Glas 16 Taler ausstechen. Die Taler mit ausreichendem Abstand zueinander auf die Bleche setzen.

2 Die Kekse backen

Auf der mittleren Schiene des Ofens 8–10 Minuten backen. Kurz auf den Blechen abkühlen lassen, dann auf Kuchengittern vollständig abkühlen lassen.

3 Die Taler zusammensetzen

8 Kekse mit der Unterseite nach oben auf einer Arbeitsfläche auslegen. Jeweils 1 Kugel Eis daraufsetzen und mit einem zweiten Keks abdecken. Die gefüllten Taler leicht zusammendrücken. Einzeln in Plastikbeutel geben und vor dem Servieren mindestens 1 Stunde einfrieren. Luftdicht verpackt halten sich die gefüllten Taler im Gefriergerät bis zu 3 Wochen.

Plätzchen mit Mokkacreme

Schokoladenteig (Seite 70), 1 Portion, zimmerwarm

zimmerwarme Butter, 1 ½ Esslöffel (20 g)

Puderzucker, 60 g

Kakaopulver, 2 Teelöffel

starker Espresso, 1 Esslöffel

ERGIBT ETWA 20 PLÄTZCHEN

1 Teig ausrollen und Pätzchen formen

Den Ofen auf 180 °C vorheizen. 2 Bleche mit Backpapier belegen. Den Schokoladenteig auf einer leicht bemehlten Arbeitsfläche zu 2 Rollen mit 5 cm Durchmesser formen. Von den Rollen mit einem scharfen Messer 3 mm dicke, runde Plätzchen abschneiden, etwa 20 Stück. Mit ausreichendem Abstand zueinander auf die Bleche setzen.

2 Die Plätzchen backen

Auf der mittleren Schiene des Ofens 8–10 Minuten backen. Kurz auf den Blechen abkühlen lassen, dann auf Kuchengittern vollständig abkühlen lassen.

3 Die Plätzchen füllen

Für die Füllung Butter und Puderzucker mit dem Mixer cremig rühren. Kakaopulver sowie Espresso unterrühren. Die Hälfte der Plätzchen mit der Unterseite nach oben auf einer Arbeitsfläche auslegen. Jeweils mit Mokkacreme bestreichen und ein weiteres Plätzchen daraufsetzen. Vor dem Servieren 1 Stunde bei Zimmertemperatur stehen lassen, damit die Mokkacreme fest wird.

Variation

Füllen Sie die Plätzchen anstelle von Mokkacreme mit Himbeermarmelade oder Mascarpone. Den Mascarpone mit Puderzucker süßen und mit ein paar Tropfen Himbeerobstbrand aromatisieren.

Erdbeer-Käsesahne-Torte

TARTE-TEIG

Mehl, 470 g

Puderzucker, 50 g

kalte Butter, 380 g, in Würfeln

eiskaltes Wasser, 80 ml

Doppelrahmfrischkäse, 190 g

Sahne, 180 ml

Puderzucker, 60 g

Vanille-Extrakt (Essenz), 1 Teelöffel

vollreife Erdbeeren, 250 g, geputzt und geviertelt

FÜR EINE SPRINGFORM (24 CM)

ergibt insgesamt 3 Portionen Teig

Dieses Rezept ergibt ausreichend Teig für zwei große Tartes und vier kleine Törtchen. In der Küchenmaschine ist der Teig im Handumdrehen fertig. Er liefert einen herrlich knusprigen Boden.

1 Den Teig zubereiten

Mehl, Puderzucker und Butter in eine Küchenmaschine geben. Mit den Knethaken verarbeiten lassen, bis sich etwa erbsengroße Streusel bilden. Eiskaltes Wasser zufügen und weiterrühren, bis feine Streusel entstehen. Auf eine Arbeitsfläche geben und in 3 gleich große Portionen teilen. 1 Portion beiseite legen, restliche bis zur späteren Weiterverwendung in Klarsichtfolie wickeln (siehe Tipp).

2 Den Tortenboden backen

Ofen auf 220 °C vorheizen. Teig auf einer leicht bemehlten Arbeitsfläche zu einem Kreis (26 cm) ausrollen. In eine Springform (24 cm) legen und einen 2 cm hohen Rand hochziehen. In den Rand mit einer Gabel ein Muster drücken. Tortenboden 5 Minuten einfrieren, dann 15–18 Minuten goldbraun backen. Auf einem Kuchengitter abkühlen lassen.

3 Die Torte fertigstellen

Doppelrahmfrischkäse mit dem Mixer glatt rühren. Sahne, Puderzucker und Vanille zufügen. Die Füllung 3 Minuten kräftig durchmixen. Die Masse auf dem Tortenboden verteilen. Die Erdbeerviertel mit der Schnittfläche nach unten daraufsetzen. Mit Alufolie abdecken und für 2 Stunden kühl stellen. Den Ring der Springform entfernen, die Torte in Stücke schneiden und servieren.

Tipp

Der Teig hält sich im Kühlschrank 3 Tage und im Gefriergerät bis zu 1 Monat. Vor dem Einfrieren zusätzlich in einen gut verschließbaren Plastikbeutel geben. Vor der Verwendung über Nacht im Kühlschrank auftauen lassen. Sie können ihn auch ausrollen, in die Form geben und luftdicht verpackt mitsamt der Form kühl stellen oder einfrieren.

Tipp

Edelstahlschüsseln sind für das Garen über einem Wasserbad am besten geeignet, weil sie die Hitze gut leiten. Geben Sie nicht zu viel Wasser in den Topf, die Unterseite der Schüssel sollte das köchelnde Wasser gerade berühren.

Zitronentarte

1 Den Tortenboden backen

Ofen auf 220 °C vorheizen. Den Teig auf einer leicht bemehlten Arbeitsfläche zu einem Kreis (26 cm) ausrollen. In eine Springform (24 cm) legen und einen 2 cm hohen Rand hochziehen. In den Rand mit einer Gabel ein Muster drücken. Tortenboden 5 Minuten einfrieren, dann 15–18 Minuten goldbraun backen. Auf einem Kuchengitter abkühlen lassen.

2 Die Füllung zubereiten

Speisestärke mit 2 Esslöffeln Wasser glatt rühren. Eier, Zitronenschale sowie -saft, Zucker und Speisestärkemischung in eine Edelstahlschüssel geben. Über einem köchelnden Wasserbad mit dem Schneebesen etwa 10 Minuten kräftig aufschlagen, bis die Masse cremig ist und bindet. Vom Herd nehmen und die Butter unterrühren.

3 Die Tarte fertigstellen

Die Füllung auf dem gebackenen Tortenboden verteilen. Das Ganze mit Alufolie abdecken und für mindestens 2 oder bis zu 24 Stunden kühl stellen. Dann den Ring der Springform entfernen und die Tarte servieren. Nach Belieben zu jedem Stück Schlagsahne reichen.

Tarte-Teig (Seite 76), 1 Portion, zimmerwarm

Speisestärke , 1 Esslöffel

Eier, 5, garantiert frisch

Zitronenschale, 2 Teelöffel, fein gerieben

Zitronensaft, 160 ml

Zucker, 190 g

Butter, 90 g, in kleinen Stücken

Schlagsahne, zum Servieren (optional)

FÜR EINE SPRINGFORM (24 CM)

Schoko-Himbeer-Törtchen

Tarte-Teig (Seite 76), 1 Portion, zimmerwarm

Butter, 60 g

Bitterschokolade (50 % Kakao), 180 g, fein gehackt

starker Espresso, 1 Teelöffel

Eier, 3

Kristallzucker, 160 g

Vanille-Extrakt (Essenz), 1 Teelöffel

frische Himbeeren, 180 g

Puderzucker, zum Bestäuben

ERGIBT 4 TÖRTCHEN

1 Die Törtchenboden vorbacken

Ofen auf 220 °C vorheizen. Den Teig ausrollen und in 4 Portionen teilen. Jeweils in eine Törtchenform (11,5 cm) legen und gut andrücken. 5 Minuten einfrieren. Die Förmchen auf ein Blech setzen und den Teig auf der mittleren Schiene etwa 5 Minuten vorbacken. Auf einem Kuchengitter abkühlen lassen. Backofentemperatur auf 190 °C reduzieren.

2 Die Füllung zubereiten

Butter, Bitterschokolade und Espresso in einem Topf leicht erhitzen und 3 Minuten verrühren. Die Eier in einer Schüssel mit dem Mixer schaumig schlagen. Den Zucker unter Rühren einrieseln lassen. Weiterrühren, bis sich der Zucker ganz aufgelöst hat. Butter-Schokoladen-Masse sowie Vanille unterrühren. Die Füllung auf die Törtchenformen verteilen.

3 Die Törtchen backen

Die Törtchen etwa 15 Minuten backen. Auf einem Kuchengitter abkühlen lassen. Jeweils aus dem Förmchen lösen, mit Himbeeren belegen und großzügig mit Puderzucker bestäuben. Frisch servieren.

Tipp

Für eine Tarte den Teig in eine Springform (24 cm) geben. 5 Minuten einfrieren, dann bei 220 °C 10 Minuten vorbacken. Vollständig abkühlen lassen. Die Füllung gleichmäßig auf dem Boden verteilen und das Ganze bei 190 °C nochmals 25 Minuten backen. Mit Himbeeren belegen und mit Puderzucker bestäuben.

Tipp

Verwenden Sie einen Melonenausstecher, um das Kerngehäuse der Birnen sauber zu entfernen. Das geht ganz leicht und Sie erhalten regelmäßigere Spalten.

Birnentarte

1 Den Tortenboden vorbacken

Ofen auf 220 °C vorheizen. Den Teig auf einer leicht bemehlten Arbeitsfläche zu einem Kreis (26 cm) ausrollen. In eine Springform (24 cm) legen und einen 2 cm hohen Rand hochziehen. In den Rand mit einer Gabel ein Muster drücken. Tortenboden 5 Minuten einfrieren. 8–10 Minuten vorbacken. Auf einem Kuchengitter abkühlen lassen.

2 Den Belag zubereiten

Die Birnenspalten auf dem vorgebackenen Boden kreisförmig auslegen. Die Eier in einer Schüssel mit dem Mixer schaumig schlagen. Zucker unter Rühren einrieseln lassen. Weiterrühren, bis sich der Zucker ganz aufgelöst hat. Butter, Sahne, Zitronenschale, Mehl sowie Vanille gründlich unterrühren. Die Masse über den Birnen verteilen.

3 Die Tarte backen

15 Minuten auf der mittleren Schiene backen. Dann die Backofentemperatur auf 200 °C reduzieren und die Tarte nochmals 25 Minuten backen. Auf einem Kuchengitter abkühlen lassen. Den Ring der Springform entfernen, die Tarte in Stücke schneiden und servieren.

Tarte-Teig (Seite 76), 1 Portion, zimmerwarm

aromatische Birnen, z. B. Williams Christ, 4, geschält, vom Kerngehäuse befreit und in dünnen Spalten

Eier, 2

Zucker, 160 g

geschmolzene Butter, 2 Esslöffel

Sahne, 2 Esslöffel

Zitronenschale, 1 Teelöffel, fein gerieben

Mehl, 3 Esslöffel

Vanille-Extrakt (Essenz), 1 Teelöffel

FÜR EINE SPRINGFORM (24 CM)

Pekannusstarte

Tarte-Teig (Seite 76), 1 Portion, zimmerwarm

Eier, 3

hellbrauner Zucker, 100 g

dunkler Maissirup, 300 ml

Vanille-Extrakt (Essenz), 1 Teelöffel

geschmolzene Butter, 60 g

Pekannüsse, 180 g, geschält und halbiert

Schlagsahne, zum Servieren (optional)

FÜR EINE SPRINGFORM (24 CM)

1 Den Tortenboden vorbacken

Ofen auf 220 °C vorheizen. Den Teig auf einer leicht bemehlten Arbeitsfläche zu einem Kreis (26 cm) ausrollen. In eine Springform (24 cm) legen und einen 2 cm hohen Rand hochziehen. In den Rand mit einer Gabel ein Muster drücken. Tortenboden 5 Minuten einfrieren. 8–10 Minuten vorbacken. Auf einem Kuchengitter abkühlen lassen.

2 Den Belag zubereiten

Eier, Zucker, Maissirup und Vanille in einer Schüssel mit dem Mixer verrühren. Butter sowie Pekannüsse unterrühren. Die Masse auf dem vorgebackenen Tortenboden verteilen.

3 Die Tarte backen

Auf der mittleren Schiene 40–45 Minuten backen. Kurz auf einem Kuchengitter abkühlen lassen. Den Ring der Springform entfernen und die Tarte in Stücke schneiden. Nach Belieben Schlagsahne dazu reichen.

Variation

Für eine Schokoladen-Nuss-Tarte 190 g Schoko-Chips oder fein geriebene Halbbitterschokolade unter den Belag rühren. Die Tarte wie angegeben backen.

Galette mit Beeren

MÜRBETEIG

Mehl, 600 g

Salz, 1 Teelöffel

Butter, 400 g, in Würfeln

eiskaltes Wasser, 180 ml

Brombeeren und Heidelbeeren, 500 g

Zitronensaft, 2 Esslöffel

Zucker, 60 g

Mehl, 3 Esslöffel

FÜR EINE SPRINGFORM (23 CM)

ergibt insgesamt 3 Portionen Teig

Das Rezept ergibt ausreichend Teig für eine Galette mit Beeren (französische Spezialität) sowie für eine herzhafte Quiche und einen saftigen Kürbiskuchen, die Sie auf den folgenden Seiten finden.

1 **Den Teig zubereiten**
Mehl und Salz in einer Küchenmaschine vermischen. Butter zufügen und das Ganze mit Knethaken verarbeiten lassen, bis sich grobe Streusel bilden. Das Wasser angießen und kurz kneten, bis sich die Teigzutaten verbinden. Auf eine Arbeitsfläche geben und in 3 gleich große Portionen teilen. Jede Portion zu einem Kreis flach drücken. 1 Portion beiseite legen, die restlichen bis zur späteren Weiterverwendung in Klarsichtfolie wickeln (siehe Tipp).

2 **Den Teig ausrollen**
Ofen auf 220 °C vorheizen. Ein Blech mit Backpapier belegen. Den Teig auf einer leicht bemehlten Arbeitsfläche zu einem Kreis (33 cm) ausrollen. Den Kreis zusammenklappen, auf das Blech legen und wieder ausbreiten.

3 **Die Galette fertigstellen**
Brombeeren sowie Heidelbeeren in eine Schüssel geben und darin mit Zitronensaft, Zucker und Mehl vermischen. Die Füllung auf dem Teig verteilen, dabei rundherum einen 5 cm breiten Rand frei lassen. Den Rand über den Beeren einschlagen, dabei leichte Falten bilden. Die Galette etwa 25 Minuten goldbraun backen. Auf einem Kuchengitter kurz abkühlen lassen und warm servieren.

Tipp

Diesen Mürbeteig können Sie im Kühlschrank 3 Tage und im Gefriergerät bis zu 1 Monat aufbewahren. Vor dem Einfrieren zusätzlich in einen luftdicht verschließbaren Plastikbeutel geben. Vor der Verwendung über Nacht im Kühlschrank auftauen lassen.

Variation

Sie können den Speck durch 200 g Lauch, Blattspinat oder Brokkoli ersetzen. Das Gemüse klein schneiden und vor der Zugabe in kochendem Wasser blanchieren. Eine Kombination aus Gemüse und Speck schmeckt auch sehr lecker.

Klassische Quiche

1 Den Teigboden vorbacken

Ofen auf 220 °C vorheizen. Den Teig auf einer leicht bemehlten Arbeitsfläche zu einem Kreis (30 cm) ausrollen. In eine Quiche- oder Springform (23 cm) geben und einen 2,5 cm hohen Rand hochziehen. In den Rand mit einer Gabel ein Muster drücken. Den Teigboden mehrmals einstechen. Den Teig 5 Minuten einfrieren. Dann etwa 10 Minuten backen. Auf einem Kuchengitter abkühlen lassen. Die Ofentemperatur auf 190 °C reduzieren.

2 Den Belag zubereiten

Den Speck in einer Pfanne etwa 5 Minuten ausbraten. Auf Küchenkrepp abtropfen lassen. Die Hälfte des Käses auf den vorgebackenen Teigboden streuen. Die Eier in einer großen Schüssel verquirlen. Sahne oder Milch, Muskatnuss und Salz unterrühren. Zum Schluss gebratenen Speck und den restlichen Käse untermischen. Das Ganze in die Form gießen.

3 Die Quiche backen

Auf der mittleren Schiene 30–35 Minuten goldbraun backen. Kurz auf einem Kuchengitter abkühlen lassen. Dann die Quiche in Stücke schneiden und warm servieren.

Mürbeteig (Seite 86), 1 Portion, zimmerwarm

Frühstücksspeck, 8 Scheiben (200 g), gewürfelt

Greyerzer, 200 g, gerieben

Eier, 4

Sahne oder Milch, 450 ml

Muskatnuss, 1/4 Teelöffel, frisch gerieben

Salz, 1/2 Teelöffel

FÜR EINE QUICHEFORM (23 CM)

Kürbiskuchen

Mürbeteig (Seite 86), 1 Portion, zimmerwarm

Kürbis, z. B. Hokkaido, 500 g, halbiert und entkernt

Eier, 3

hellbrauner Zucker, 190 g

Zimtpulver, 1/2 Teelöffel

Ingwerpulver, 1/2 Teelöffel

Pimentpulver, 1/4 Teelöffel

Salz, 1/2 Teelöffel

Milch, 380 ml

Schlagsahne, zum Servieren (optional)

FÜR EINE SPRINGFORM (23 CM)

1 Den Teigboden vorbacken

Ofen auf 220 °C vorheizen. Den Teig auf einer leicht bemehlten Arbeitsfläche zu einem Kreis (30 cm) ausrollen. In eine Springform (23 cm) geben und einen 2,5 cm hohen Rand hochziehen. In den Rand mit einer Gabel ein Muster drücken. Den Teigboden mehrmals einstechen. 5 Minuten einfrieren. Dann etwa 10 Minuten backen. Auf einem Kuchengitter abkühlen lassen. Die Ofentemperatur auf 190 °C reduzieren.

2 Den Belag zubereiten

Kürbisfruchtfleisch in Stücke schneiden und in einer Küchenmaschine pürieren. Eier in einer Schüssel verquirlen. Zucker, Zimt, Ingwer, Piment und Salz unterrühren. Milch sowie Kürbispüree unterziehen. Die Masse in die Form gießen.

3 Den Kuchen backen

Auf der mittleren Schiene 35–40 Minuten backen, bis die Oberfläche goldbraun ist. Kurz auf einem Kuchengitter abkühlen lassen. Den Ring der Springform entfernen, den Kuchen in Stücke schneiden und servieren. Nach Belieben Schlagsahne dazu reichen.

Tipp

Sie können den vorgebackenen Teigboden bei Zimmertemperatur 1 Tag aufbewahren. Oder mitsamt der Form luftdicht verpacken und bis zu 3 Wochen einfrieren. Vor der Weiterverwendung auftauen.

Tipp

Ersetzen Sie die Streusel durch eine zweite Teigportion. Den Teig wie den ersten ausrollen und auf den Rhabarber legen. Die Teigränder zusammendrücken. Die Oberfläche mehrmals mit einer Gabel einstechen und die Tarte backen.

Rhabarbertarte

1 Den Teig ausrollen

Ofen auf 200 °C vorheizen. Den Teig auf einer leicht bemehlten Arbeitsfläche zu einem Kreis (30 cm) ausrollen. In eine Springform (23 cm) geben und einen 2,5 cm hohen Rand hochziehen. In den Rand mit einer Gabel ein dekoratives Muster drücken. Den Teigboden mehrmals einstechen.

2 Belag und Streusel zubereiten

Speisestärke mit 1 Esslöffel Wasser glatt rühren. Rhabarber in eine große Schüssel geben und darin mit dem Kristallzucker und der Speisestärkemischung vermengen. Auf dem Teigboden verteilen. Das Mehl in einer zweiten Schüssel mit dem hellbraunen Zucker vermischen. Die kalte Butter mit einer Palette oder 2 Messern unterarbeiten, bis Streusel entstehen. Die Streusel auf den Rhabarber geben.

3 Die Tarte backen

Auf der mittleren Schiene 40–45 Minuten backen, bis die Streusel goldbraun sind. Kurz auf einem Kuchengitter abkühlen lassen. Den Ring der Springform entfernen, die Tarte in Stücke schneiden und servieren. Nach Belieben Vanilleeis oder Schlagsahne dazu reichen.

Mürbeteig (Seite 86), 1 Portion, zimmerwarm

Speisestärke, 3 Esslöffel

Rhabarber, 400 g, geputzt und in kleinen Stücken

Kristallzucker, 380 g

Mehl, 120 g

hellbrauner Zucker, 160 g

kalte Butter, 120 g, in Würfeln

Vanilleeiscreme oder Schlagsahne, zum Servieren (optional)

FÜR EINE SPRINGFORM (23 CM)

Clever backen

Backen macht Spaß, doch die meisten Leute glauben, es sei zu zeitaufwendig. Mit ein paar einfachen Rezepten und geschickter Planung werden auch Sie rasch zum Profibäcker. Auf den folgenden Seiten zeigen wir Ihnen auch, welche Zutaten Sie einkaufen müssen und wie Sie die Waren lagern sollten, damit sie länger frisch bleiben.

Wir präsentieren Ihnen wertvolle Tipps für die geschickte Vorratshaltung – damit Sie jederzeit alles im Haus haben, was Sie zum Backen benötigen. Lernen Sie, wie man vorarbeitet: Bereiten Sie eine große Teigmenge zu, einen Teil können Sie sofort verwenden, den Rest frieren Sie ein. Sinnvolle Hinweise für kluges Zeitmanagement und die nötige Organisation werden Ihnen dabei helfen, öfter köstliche Backwaren aus dem Ofen zu zaubern.

Loslegen

Sobald Ihr Kühlschrank und Ihre Vorratskammer mit allen nötigen Backzutaten (Seiten 104–107) gefüllt sind, können Sie nahezu jedes Rezept zubereiten, manchmal brauchen Sie nur noch ein oder zwei besondere Ingredienzen. Prüfen Sie Ihren Terminkalender, damit Sie wissen, was Sie wann und zu welcher Gelegenheit backen könnten. Berücksichtigen Sie auch die Jahrezeiten.

Geschickte Planung

- **Die ganze Woche im Blick haben.** Nutzen Sie die Wochenenden, um die Termine der kommenden Woche zu planen: Steht ein Geburtstag an oder ein Kaffeekränzchen? Brauchen Sie einen Kuchen oder viele Plätzchen? Wird die Woche hektisch oder haben Sie Zeit zum gemütlichen Backen? Überlegen Sie sich, was Sie für Mahlzeiten servieren wollen. Nach einem üppigen Abendessen genügen Früchte als Dessert, doch nach einem frugalen Mahl wie Suppe oder Salat könnten Sie durchaus ein paar leckere Muffins servieren.

- **Teilen Sie Ihre Zeit ein.** Sobald Sie wissen, was Sie backen wollen, überlegen Sie, wann Sie am ehesten Zeit dafür haben. Manche Teige lassen sich bereits am Vorabend machen oder einfrieren.

- **Beziehen Sie Ihre Familie mit ein.** Lassen Sie Ihre Familienmitglieder mitbestimmen, was gebacken werden soll. Dann gehen Sie Ihnen auch lieber zur Hand, wenn es an die Vorbereitung oder ans Abwaschen geht. Zum Teignaschen sind sowieso alle zur Stelle.

- **Backen Sie am Wochenende.** Frisch aus dem Ofen schmecken Kuchen, Muffins & Co. natürlich am besten. Doch im Alltag kommt man selten dazu, frühmorgens einen Teig anzurühren. Backen Sie am Wochenende und genießen Sie die Leckereien unter der Woche. Bereiten Sie die doppelte Menge zu und frieren Sie das Ganze portionsweise ein. Erledigen Sie den zeitraubenden Teil eines Rezeptes wie Teigkneten und -ausrollen in einer ruhigen Minute, geben Sie den Teig in den Kühlschrank oder ins Gefriergerät (Tipps zum Einfrieren siehe Seite 107) und backen Sie dann, wann Sie wollen.

FÜR JEDEN ANLASS

Brunch

Käsegebäck (Seite 18)
Himbeer-Zitronen-Muffins (Seite 21)
Zimt-Walnuss-Kuchen (Seite 40)
Mandelgugelhupf (Seite 63)
Klassische Quiche (Seite 89)

Für Kinder

Schokokekse (Seite 17)
Kirschecken (Seite 26)
Teekuchen mit Erdbeeren (Seite 29)
Schokosterne (Seite 70)
Schokotaler mit Eiscreme (Seite 73)

Zum Kaffee oder Tee

Butter-Nuss-Kekse (Seite 10)
Aprikosen-Ingwer-Gebäck (Seite 25)
Blechkuchen mit Mandeln (Seite 44)
Ingwerbrot-Kuchen (Seite 47)

Als Dessert

Heidelbeerauflauf (Seite 32)
Clafoutis mit Aprikosen (Seite 36)
Zitronentarte (Seite 79)
Birnentarte (Seite 83)

Für Feste

Feiner Schokoladenkuchen (Seite 48)
Luftiger Orangenkuchen (Seite 59)
Schoko-Himbeer-Törtchen (Seite 80)
Galette mit Beeren (Seite 86)

SAISONAL BACKEN

Frische Zutaten der Saison garantieren volles Aroma und spiegeln zudem die Stimmung der Jahreszeit schön wider. Hier finden Sie eine allgemeine Richtlinie für die zur jeweiligen Jahreszeit passenden Backwaren.

Frühling Wenn die Tage endlich wieder wärmer und länger werden, verlockt farbenfrohes Obst wie Erdbeeren oder Rhabarber. Damit lassen sich herrliche Tartes und Kuchen backen.

Sommer Jetzt gibt es süße Beeren und saftiges Steinobst in Hülle und Fülle. Aprikosen, Kirschen, Pfirsiche, Nektarinen, Brombeeren, Heidelbeeren und Himbeeren lassen sich beim Backen nahezu unbegrenzt einsetzen. Ob in Aufläufen, Tartes oder Kuchen, die bunten Früchte liefern ein unvergleichliches Aroma. Auf einer sonnigen Terrasse schmecken die beliebten Leckereien am besten.

Herbst Köstliche Birnen, Äpfel und Pflaumen trösten über das langsam kühler werdende Wetter hinweg. Auch Kürbis hat nun Saison, er lässt sich zu einem leckeren Kuchen verarbeiten.

Winter Die ideale Zeit zum Plätzchenbacken. Heimisches Obst ist Mangelware, dafür bringen tropische Früchte wie etwa Orangen, Zitronen und Ananas Farbe in die langen Wintertage. Ein köstlicher Duft zieht durchs Haus, wenn Sie Nüsse, Mohn, Schokolade, Zimt und Ingwer beim Backen einsetzen. An den hohen Festtagen darf es neben Plätzchen auch edle Schokoladenkuchen oder eine Pekannusstarte geben.

Das gewisse Etwas

Eine Kugel Eiscreme oder eine Fruchtsauce kann simples Backwerk in ein köstliches Dessert verwandeln. Leckere Eiscremes und Fruchtsaucen können Sie inzwischen in guter Qualität kaufen oder Sie machen sie selbst. Schlagsahne passt eigentlich zu fast allen Kuchen oder Tartes. Frische Früchte verleihen vielen Kuchen das gewisse Etwas, sie lassen sich auch leicht vorbereiten und bis zum Servieren kühl stellen.

- **Vanilleeis** 100 ml Sahne und 2 Vanilleschoten aufkochen. 10 Minuten ziehen lassen. 5 Eigelbe und 100 g Zucker über dem Wasserbad schaumig schlagen. Abkühlen lassen. 400 ml Sahne steif schlagen und unterziehen. Vanillesahne ohne Schoten unterrühren und gefrieren lassen.

- **Schlagsahne** schmeckt einfach köstlich und lässt sich ganz leicht selbst machen. Geben Sie dafür 250 ml kalte Sahne zusammen mit 2 Esslöffeln Zucker und ½ Teelöffel Vanille-Extrakt in eine gekühlte Schüssel. Etwa 3 Minuten mit dem Mixer auf mittlerer Stufe steif schlagen, bis sich Spitzen bilden. Sie können die Schlagsahne danach abgedeckt bis zu 2 Stunden kühl stellen, bevor Sie sie servieren.

- **Frische Früchte** Servieren Sie Pfirsich-, Mango- oder Nektarinenspalten oder gemischte Beeren zu einem Plätzchenteller. Beträufeln Sie das Obst mit Zitronensaft, Amaretto oder Grand Marnier. Sie können auch ein Stück Kuchen mit frischen Beeren oder Obstspalten belegen.

- **Saucen** Fertige Frucht-, Schokoladen- oder Karamellsaucen veredeln viele Backwaren. Achten Sie auf gute Qualität: Die Saucen sollten keine Konservierungsstoffe enthalten. In Kombination mit Eiscreme oder Schlagsahne schmeckt warme Schoko- oder Karamellsauce besonders gut. Die Saucen nur kurz erhitzen.

- **Kekse mit Eiscreme** Füllen Sie Kekse mit Eiscreme. Zu Schokoladenkeksen passt zum Beispiel Schoko-Minze-Eis, Vanille- oder Erdbeereis. Eine 1 cm dicke Schicht Eiscreme auf einen Keks streichen und einen zweiten Keks mit der Unterseite nach unten daraufsetzen. Die gefüllten Kekse einzeln in luftdicht verschließbare Plastikbeutel geben. Vor dem Servieren für mindestens 1 Stunde einfrieren.

Arbeitsgeräte & -techniken

Ein guter Bäcker benötigt keine speziellen Apparaturen, doch Backbleche und -formen gehören auf jeden Fall zur Grundausstattung. Notfalls kann man improvisieren, aber die richtigen Arbeitsgeräte sparen Zeit und Energie. Achten Sie dabei auf gute Qualität und verstauen Sie häufig genutzte Gerätschaften in Ihrer Küche so, dass sie schnell griffbereit sind.

Wichtige Arbeitsgeräte

- **Schüsseln** sollten Sie in mehreren Größen besitzen, um damit Teige zu rühren oder Zutaten bereitzustellen. Aus Glas, Keramik oder Edelstahl.
- **Mixer** Ein Handrührgerät brauchen Sie, um damit Eiweiß oder Sahne steif zu schlagen oder um Teige zu rühren bzw. zu kneten. Eine Küchenmaschine erfüllt die gleiche Funktion auch für größere Teigmengen. Darüber hinaus können Sie damit auch bequem Nahrungsmittel pürieren und vieles mehr.
- **Universalzerkleinerer** Dieses Gerät ist ideal, um Nüsse zu hacken oder Käse sowie Mandeln zu reiben.
- **Feine Reibe** Mit einem gummierten Griff ist sie am besten geeignet, um damit Zitrusschalen abzureiben. Auch Käse kann man damit fein reiben.
- **Nudelholz** Um Teig auszurollen, sind diese Walzen unverzichtbar. Nudelhölzer sind meist aus Holz, sie sind aber auch aus Edelstahl erhältlich.
- **Löffel, Teigspatel & Schneebesen** Holzlöffel sind ideal, um damit Teig zu rühren. Mit einem Teigspatel entfernt man Teigreste sauber vom Schüsselrand und hebt empfindliche Zutaten unter Massen. Einen Schneebesen benötigen Sie zum Schlagen von Sahne und Eischnee, zum Rühren von dünnen Teigen sowie von Cremes und zum Unterziehen von Eischnee und Mehl.
- **Kuchengitter** Kaufen Sie sich ein rundes und ein eckiges. Die Gitter stehen auf kleinen Drahtfüßen, dadurch kühlt das Backgut schneller ab.

ABMESSEN

Messbecher & -löffel Verwenden Sie durchsichtige Messbecher aus Glas oder Plastik, um damit Flüssigkeiten und Zutaten wie Mehl, Zucker, Gries usw. abzumessen. Haushaltsübliche Messbecher haben ein Fassungsvermögen von 1 Liter. Messlöffel für kleine Mengen sind aus Kunststoff oder Edelstahl.

Flüssigkeiten abmessen Den Messbecher bis zur gewünschten Maßangabe füllen. Den Becher gerade halten und das Mass auf Augenhöhe prüfen. Messlöffel stets bis zum Rand anfüllen.

Feste Zutaten abmessen Füllen Sie den passenden Messbecher oder Messlöffel mit Mehl, Zucker o. Ä. gehäuft voll. Die überschüssige Menge abstreichen. Achten Sie darauf, dass Ihr Messgerät trocken ist.

Brauner Zucker oder Rohrzucker ist nicht rieselfähig. Füllen Sie ihn esslöffelweise in den Messbecher und drücken Sie den Zucker mit dem Rücken des Esslöffels leicht zusammen. Den Vorgang so lange wiederholen, bis das gewünschte Maß erreicht ist.

BLECHE & BACKFORMEN

Backformen gibt es aus unterschiedlichem Material, z. B. aus Schwarzblech oder beschichtetem Aluminum. Für die Rezepte in diesem Buch benötigen Sie eine Kastenform, eine Gugelhupfform, eine Quiche- oder Tarteform, eine rechteckige Backform, Muffinförmchen, Törtchenformen und eine Springform mit abnehmbaren Ring.

Backbleche gehören in der Regel zur Standardausstattung Ihres Backofens. Tiefe Backbleche haben rundherum einen erhöhten Rand. Normale Bleche sind vorne abgeflacht, damit man Backgut wie Plätzchen leicht heruntergleiten lassen kann. Sie sollten zwei Bleche besitzen, damit Sie eines bestücken können, während das andere im Ofen ist. Massive Backbleche leiten die Hitze meist besser als dünne, sie lassen das Backgut schneller bräunen und gleichmäßiger durchbacken.

Pie- & Obstkuchenformen haben einen flachen, gerillten oder glatten Rand. Sie sind ideal für flache Obstkuchen, süße sowie herzhafte Pies und Quiches. Pie- und Obstkuchenformen sind aus Glas, Metall oder Keramik erhältlich.

Auflaufförmchen sehen wie Mini-Souffléformen aus und sind für jeweils 1 Portion gedacht. Sie sind vielseitig einsetzbar, für gebackene Küchlein und alle Arten von Desserts.

Tarteformen gibt es in vielen unterschiedlichen Größen. Sie haben einen flachen, gerillten Rand und einen herausnehmbaren Boden.

Leichte Arbeitstechniken

Die Rezepte in diesem Buch gelingen auch ungeübten Bäckern. Wenn Sie bis jetzt noch nicht viel gebacken haben, machen Sie sich hier mit den wichtigsten Arbeitsmethoden vertraut, bevor Sie loslegen.

- **Schlagen** bezeichnet das kräftige Vermischen von Zutaten, um eine homogene Masse zu erhalten. Sahne und Eiweiße werden mit etwas Zucker oder Salz steif geschlagen. Das bedeutet, man rührt so lange mit dem Schneebesen oder elektrischen Mixer, bis die Masse voluminös und fest ist.

- **Butter unterarbeiten** Bei manchen Teigen muss kalte Butter unter die Mehlmischung gearbeitet werden. Hierfür die Butter würfeln und mit einer Palette oder zwei Messern rasch unter das Mehl hacken, bis etwa erbsengroße Streusel entstehen. Mit einem Universalzerkleinerer arbeiten Sie die Butter am besten in kurzen Impulsen unter, bis die gewünschte Konsistenz erreicht ist.

- **Schaumig schlagen** nennt man den Vorgang, bei dem weiche Butter oder Eigelbe mit dem Schneebesen oder Mixer kräftig mit Zucker verrührt werden. Dadurch gerät Luft in die Butter und das Backwerk geht im Ofen besser auf. Außerdem löst sich der Zucker auf und verbindet sich perfekt mit den restlichen Zutaten. Rühren Sie einige Minuten, bis sich der Zucker vollständig gelöst hat und die Masse sehr cremig ist.

- **Unterziehen** Empfindliche Massen wie Eischnee werden mit einem Schneebesen oder Holzlöffel vorsichtig unter den Teig gezogen. Dadurch bleibt die im Eischnee befindliche Luft erhalten, die dafür sorgt, dass der Teig schön aufgeht. Beim Unterziehen stets von unten nach oben arbeiten, also die schwere Teigmasse von unten unter den leichten Schnee mischen. Keinesfalls rühren oder den Vorgang fortsetzen, bis kein Schnee mehr sichtbar ist.

- **Rühren** Die meisten Teigarten werden mit einem Holzlöffel oder Mixer gerührt, wobei das Mehl stets nach und nach vorsichtig unter die restlichen Zutaten gerührt werden sollte, damit es keine Klumpen bildet. Sie können das Mehl auch vorher sieben.

Backwaren lagern

Die meisten Backwaren können bei Raumtemperatur in Dosen oder luftdicht verpackt einige Tage aufbewahrt werden. Manche müssen allerdings kühl lagern oder können eingefroren werden.

Kekse & Kleingebäck einfrieren

Kekse oder Kleingebäck vor dem Einfrieren stets vollständig abkühlen lassen. Dann luftdicht in Alufolie oder Gefrierbeutel verpacken. Bei Beuteln vor dem Verschließen die gesamte Luft herauspressen. Kleingebäck oder Kekse am besten portionsweise einfrieren. Backwaren, die eingefroren waren, sollten nach dem Autauen nicht nochmals eingefroren werden. Langsam im Kühlschrank oder bei Raumtemperatur auftauen lassen. Vor dem Servieren bei 120 °C kurz aufbacken, bis die Backware heiß ist.

Teige aufbewahren

Ungebackene Teige luftdicht in Klarsichtfolie wickeln und 2 bis 3 Tage im Kühlschrank lagern. Zum Einfrieren in Alufolie hüllen oder in Gefrierbeutel geben und für bis zu 4 Monate ins Gefriergerät geben. Notieren Sie sich das Datum, an dem Sie den Teig einfrieren. Bereits ausgerollte, eingefrorene Tortenböden können Sie direkt in den Ofen geben, ohne sie vorher aufzutauen. Im vorgeheizten Ofen bei 220 °C 30 Minuten backen, dann die Temperatur für die restliche Backzeit auf 180 °C reduzieren. Eingefrorene Teige müssen in der Regel 15 Minuten länger backen als frisch zubereitete.

Kuchen & Tartes einfrieren

Mit Creme gefüllte Kuchen und Torten eignen sich nicht gut zum Einfrieren. Sie sind im Kühlschrank besser aufgehoben, sofern sie nicht innerhalb weniger Stunden nach der Zubereitung verzehrt werden. 30 Minuten vor dem Servieren aus dem Kühlschrank nehmen. Sahnetorten gleich nach der Zubereitung einfrieren. Schlagen Sie die Torte zunächst locker in Klarsichtfolie ein, damit die Sahneverzierung nicht beschädigt wird, dann in Alufolie hüllen. Gut gekühlt servieren. Torten mit Butterglasur 2 Stunden nach der Fertigstellung einfrieren und zimmerwarm servieren.

GARPROBE

Kuchen in der Form prüft man, indem man mit einem Holzstäbchen in die Mitte des Backwerks sticht; haften beim Herausziehen keine Teigreste am Holzstäbchen, ist der Kuchen durchgebacken. Bei flachen Kuchen macht man die Garprobe durch Fingerdruck; hinterlässt der Fingerdruck keine Spuren, ist das Gebäck durchgebacken.

Tortenböden ohne Belag sollten goldbraun sein, Obstbeläge saftig.

Kekse sollten durchgebacken fest und an den Rändern sowie an der Oberfläche leicht gebräunt sein.

BACKWAREN ABKÜHLEN

Lassen Sie Kuchen & Co. stets auf einem Kuchengitter abkühlen. Das Gitter steht auf kleinen Füßchen, dadurch kann die Luft frei zirkulieren und das Backgut kühlt schneller ab.

Kuchen aus Rührteig zunächst in der Form 5–10 Minuten abkühlen lassen. Dann die Ränder vorsichtig mit einem Messer lösen und das Backwerk auf ein Kuchengitter stürzen. Obstkuchen und Tartes am besten immer in der Form abkühlen lassen.

Plätzchen und Kleingebäck mit einem Pfannenwender vom Backblech lösen und auf ein Kuchengitter setzen. Oder direkt vom Blech auf das Gitter gleiten lassen.

Clever einkaufen

Frische sowie hochwertige Ingredienzen gewährleisten hervorragenden Geschmack und gesunden Genuss. Die meisten Zutaten für die Rezepte in diesem Buch sollten Sie in gut sortierten Supermärkten bekommen. Spezielle Dinge wie kandierten Ingwer oder Edelbitterschokolade erhalten Sie im Obstfachhandel für exotische Früchte oder in Pralinengeschäften.

DIE EINKAUFSLISTE

Nichts ist frustrierender, als kurz vor dem Backen festzustellen, dass man eine Grundzutat wie Backpulver nicht im Haus hat. Vielleicht stehen Sie auch im Supermarkt und können sich nicht erinnern, ob Sie beim letzten Plätzchenbacken den gesamten Zucker aufgebraucht haben.

Um diese Vorkommnisse zu vermeiden, sollten Sie laufend eine Liste für Kühlschrank und Vorratskammer führen (Grundvorrat siehe Seiten 106 und 107). Notieren Sie regelmäßig, was aufgefüllt werden muss, bevor Sie einkaufen gehen.

Vorratskammer Prüfen Sie den Inhalt Ihrer Vorratskammer, um festzustellen, welche Zutaten Sie für die Backrezepte brauchen, die Sie in der Folgewoche machen wollen.

Frische Zutaten Obst, Gemüse, Milchprodukte und Eier sollten Sie stets frisch zur Hand haben. Unterteilen Sie Ihre Einkaufsliste dementsprechend.

Diverses umfasst spezielle Zutaten wie Kokosraspel, kandierten Ingwer oder Spirituosen, die Sie nicht ständig beim Backen einsetzen. Deshalb ist eine Einkaufsliste auch hier sinnvoll.

- **Mehl** Die Rezepte in diesem Buch wurden mit Haushaltsmehl Type 405 nachgebacken. Niedrige Typen sind sehr hell, hohe Typen wie 1800 sind sehr dunkel und reich an Mineralstoffen. Mehl Type 550 ist für feinporige Teige besonders gut geeignet. Wir empfehlen dieses Mehl zum Backen.

- **Zucker** Kristallzucker kommt beim Backen am häufigsten zum Einsatz. Brauner Zucker ist in zwei Sorten erhältlich: hellbraun und dunkel. Der dunkle schmeckt intensiver. Kaufen Sie luftdicht versiegelten braunen Zucker, der locker und leicht feucht sein sollte.

- **Milchprodukte** Prüfen Sie das Verfallsdatum, bevor Sie Milchprodukte einkaufen. Vollmilch eignet sich zum Backen am besten.

- **Eier** sollten frisch und idealerweise beim Bauern oder in Bioläden erworben werden. Ein Ei der Gewichtsklasse M wiegt etwa 60 g, diese Größe wird beim Backen am häufigsten verwendet. Bio-Eier stammen aus der Freilandhaltung, das Futter ist aus ökologischem Anbau.

- **Nüsse** Kaufen Sie kleine Mengen, damit die Nüsse frisch sind.

- **Obst & Gemüse** Kaufen Sie am besten vollreifes Obst und Gemüse, das gerade Saison hat. Sollte ein Bauernmarkt in Ihrer Nähe sein, gehen Sie einmal pro Woche hin. Dadurch lernen Sie, was wann Saison hat. Bei Rekordernten lässt sich auch das eine oder andere Schnäppchen machen. Frisches Obst sowie Gemüse sollte keine braunen Stellen aufweisen und eine glatte Haut haben. Viele importierte Früchte werden grün geerntet, um lange Transportwege zu überdauern. Greifen Sie lieber auf heimische, saisonale Produkte zurück, die keinen langen Transport hinter sich haben. Sie schmecken besser und sind zudem meist billiger. Exotische Früchte am besten im Fachhandel erwerben.

Gute Vorratshaltung

Organisation ist alles. Wenn Kühlschrank, Vorratskammer und Gefriergerät gut gefüllt sind, müssen Sie nicht in letzter Minute einkaufen gehen, bevor Sie mit dem Backen loslegen können. Kontrollieren Sie regelmäßig Ihre Vorräte, dann haben Sie mehr Zeit und Muße zum gemütlichen Backen.

Auf den folgenden Seiten finden Sie eine Anleitung für den richtigen Grundvorrat, um alle Rezepte in diesem Buch ausprobieren zu können. Sie erfahren auch, wie man die Waren sachgemäß lagert, damit sie länger frisch bleiben. Befolgen Sie unsere Tipps zur cleveren Vorratshaltung, kaufen Sie lediglich ein paar frische Zutaten, und Sie können jederzeit einen leckeren Kuchen oder herrliches Kleingebäck auf den Tisch bringen.

Die Vorratskammer

Vielleicht besitzen Sie ja eine Speisekammer oder Sie bewahren Nahrungsmittel, die nicht kühl gelagert werden müssen, zum Beispiel Mehl, Zucker, Gewürze, Trockenfrüchte und Dosenware, in Schränken auf. Jedenfalls sollten die Räumlichkeiten kühl, dunkel und trocken sein, damit empfindliche Lebensmittel nicht verderben. Gewürze nicht in der Nähe des Ofens lagern, Hitze kann das Aroma beeinträchtigen.

Die richtige Lagerung

- **Gewürze & Aromen** Trockengewürze verlieren nach 6 Monaten an Aroma. Kaufen Sie daher lieber kleine Mengen, die Sie öfter austauschen. Im Fachhandel und auf Märkten werden Gewürze offen angeboten; sie sind meist frischer und billiger als die abgepackte Ware im Supermarkt. Bei Aromen und Essenzen sollten Sie nur auf extrem hochwertige Produkte ohne künstliche Zusätze zurückgreifen. Gewürze und Aromen stets in luftdicht verschließbaren Behältern und fern von Hitzequellen aufbewahren.
- **Nüsse & Trockenfrüchte** bis zu 1 Monat in luftdicht verschließbaren Behältern lagern. Gekühlt halten sich Nüsse und Trockenfrüchte bis zu 6, tiefgefroren bis zu 9 Monate.
- **Schokolade & Kakao** sollten von allerbester Qualität sein. Hochwertiges Kakaopulver enthält keinen Zucker und schmeckt sehr bitter. Edelbitterschokolade besteht aus 50 bis 70 % Kakaomasse, je höher der Kakaoanteil ist, umso intensiver schmeckt die Schokolade. Kuvertüre hat einen relativ hohen Fettanteil, deshalb ist sie zum Glasieren von Gebäck gut geeignet. Halbbitterschokolade enthält mehr Zucker und Milcherzeugnisse als Edelbitterschokolade und ist daher wesentlich süßer. In Alufolie gehüllt und in einem Plastikbeutel hält sich Bitterschokolade bis zu 1 Jahr. Temperaturschwankungen können zu einem weißen Überzug führen, der zwar wenig appetitlich aussieht, die Qualität jedoch nicht beeinträchtigt. Er löst sich auf, sobald die Schokolade erhitzt wird. Nehmen Sie zum Backen stets ungesüßtes Kakaopulver, luftdicht verpackt hält es sich bis zu 1 Jahr.

VORRÄTE AUFFÜLLEN

Inventur machen Räumen Sie alle Vorräte aus und sortieren Sie sie. Nutzen Sie die Vorratsliste von Seite 106, um festzustellen, was fehlt.

Reinigen Säubern Sie alle Regale und legen Sie sie mit Packpapier aus.

Aussortieren Prüfen Sie sämtliche Ablaufdaten und werfen Sie Produkte weg, deren Haltbarkeitsdatum bereits überschritten ist. Sortieren Sie auch Ware aus, die eventuell seltsam riecht oder aussieht.

Mit Liste einkaufen Erstellen Sie eine Liste aller Dinge, die Sie ersetzen oder auffüllen müssen. Gehen Sie mit dieser Liste zum Einkaufen.

Auffüllen Räumen Sie Ihre Vorräte systematisch ein, damit Sie alles mühelos finden. Platzieren Sie ältere Produkte vor neu gekaufte, damit die älteren zuerst aufgebraucht werden. Lagern Sie häufig genutzte Zutaten stets griffbereit.

Einkaufsdatum notieren Schreiben Sie das Einkaufsdatum auf jede Packung, bevor Sie sie verstauen, dann wissen Sie genau, wann Sie ein Lebensmittel aufbrauchen oder ersetzen müssen.

ORGANISIERT VORGEHEN

Rezepte prüfen Lesen Sie sich alle Rezepte durch, die sie machen wollen, damit Sie wissen, welche Zutaten Sie benötigen.

Vorratscheck Prüfen Sie Ihre Vorräte. Haben Sie alles, was Sie brauchen?

Liste erstellen Notieren Sie fehlende Lebensmittel, um sie beim nächsten größeren Einkauf besorgen zu können.

Überblick behalten Versehen Sie Ihren Einkauf mit dem Kaufdatum. Stellen Sie neue hinter ältere Ware und wiederholen Sie diesen Vorgang in regelmäßigen Abständen. Nehmen Sie stets zuerst die älteren Produkte.

BACKÖFEN

Die Rezepte in diesem Buch wurden mit einem konventionellen Elektroofen getestet. Prüfen Sie die Anleitung Ihres Ofens, um eventuelle Temperaturabweichungen herauszufinden. Wie gut Backformen Hitze leiten, hängt auch vom Material ab.

Damit Ihre Kekse gleichmäßig durchbacken, sollten Sie das Blech nach der Hälfte der Backzeit um 180 Grad drehen.

Die genaue Temperatur ist wichtig, damit das Backwerk gelingt. Legen Sie sich ein Ofenthermometer zu. Mit diesem können Sie einfach prüfen, ob Ihr Ofen die exakte gewünschte Temperatur wirklich erreicht.

- **Mehl & Getreide** Vollkornmehl und Maismehl aus der Steinmühle können einen ranzigen Geschmack entwickeln, wenn sie mehr als ein paar Wochen bei Raumtemperatur gelagert werden. Sie halten länger, wenn sie luftdicht verschlossen eingefroren werden. Kaufen Sie nur so viel Haushaltsmehl ein, wie Sie innerhalb von 6 Monaten verbrauchen können. Mehl luftdicht verschlossen lagern. Getreide- oder Mehlprodukte, die seltsam riechen oder an der Oberfläche verdächtige Klümpchen bilden, sollten Sie entsorgen.

- **Triebmittel** Backpulver und Weinstein bestehen vorwiegend, Speisenatron ausschließlich aus Natriumhydrogencarbonat, das in Verbindung mit Flüssigkeit, Säure und Hitze Kohlendioxid entwickelt. Dieses sorgt dafür, dass der Teig beim Backen aufgeht. Bewahren Sie Backpulver sowie Speisenatron nicht länger als 6 Monate auf. Weinstein lässt sich bis zu 1 Jahr lagern. Wenn Sie Speisenatron zur Geruchsbekämpfung im Kühlschrank benutzen, sollten Sie eine Extrapackung in der Vorratskammer haben. Um zu prüfen, ob ein Triebmittel noch verwendbar ist, geben Sie einen Teelöffel davon auf einen Teller und fügen Sie etwas Wasser hinzu. Aktive Triebmittel schäumen dann kräftig.

- **Süßungsmittel** Alle Zuckersorten sollten in luftdichten Behältern aufbewahrt werden. Brauner Zucker verhärtet, wenn er Sauerstoff ausgesetzt wird. Erwärmen Sie ihn bei 100 °C im Ofen oder im Mikrowellenherd, dann wird er wieder locker. Puderzucker ist sehr fein gemahlener Kristallzucker, dem ein wenig Speisestärke zugesetzt wurde, um zu verhindern, dass er verklumpt. Sie können ihn vor der Zugabe sieben, dann wird er besonders fein. Wenn Honig kristallisiert, erwärmen Sie das Glas langsam in einem Topf mit warmem Wasser oder in der Mikrowelle, bis der Honig wieder flüssig ist.

- **Spirituosen** Kaufen Sie hochwertige Qualität in kleinen Flaschen, Sie benötigen stets nur eine kleine Menge. Billigware kann scharf schmecken oder künstliche Zusätze enthalten, die den Geschmack beeinträchtigen. Etwas Grand Marnier oder Amaretto kann einen simplen Obstsalat in ein elegantes Dessert verwandeln. Spirituosen immer gut verschlossen halten. Sie halten sich eigentlich unbegrenzt, haben aber innerhalb von 6 Monaten nach dem Öffnen am meisten Aroma.

GRUNDVORRAT

GEWÜRZE & AROMEN

- Ingwerpulver
- Mandel-Extrakt (Essenz)
- Mohn, gemahlen
- Muskatnuss
- Pfeffer, weißer
- Pimentpulver
- Salz
- Sesamsamen
- Vanille-Extrakt (Essenz)
- Zimtpulver

NÜSSE & TROCKENFRÜCHTE

- Aprikosen
- Datteln
- Korinthen
- Mandeln
- Pekannüsse
- Preiselbeeren
- Rosinen
- Walnüsse

MEHL & GETREIDE

- Haferflocken
- Maismehl
- Mehl Type 405 (herkömmliches Haushaltsmehl)
- Mehl Type 550
- Speisestärke

TRIEBMITTEL

- Backpulver
- Speisenatron
- Weinstein

SÜSSUNGSMITTEL

- dunkelbrauner Zucker
- hellbrauner Zucker
- Honig
- Kristallzucker
- Maissirup
- Melasse
- Puderzucker
- Rohzucker

SCHOKOLADE & KAKAO

- Bitterschokolade
- Halbbitterschokolade
- Kakaopulver
- Schokostreusel

SPIRITUOSEN

- Brandy
- Cognac
- Orangenlikör
- Rum

KONSERVEN

- Cranberries
- grüne Chilischoten
- Kirschen, süße und säuerliche

DIVERSES

- Brombeermarmelade
- Kokosraspel
- Ingwer, kandiert
- Olivenöl
- Orangenschale, kandiert
- Rapsöl
- Semmelbrösel

MESSBECHER (1 LITER)

MEHL TYPE 405, UNGESIEBT		
¼ Messbecher	=	250 g
⅓ Messbecher	=	330 g
½ Messbecher	=	500 g
1 Messbecher	=	1000 g
MEHL TYPE 405, GESIEBT		
¼ Messbecher	=	245 g
⅓ Messbecher	=	325 g
½ Messbecher	=	490 g
1 Messbecher	=	985 g
KRISTALLZUCKER		
2 Esslöffel	=	30 g
3 Esslöffel	=	45 g
¼ Messbecher	=	275 g
⅓ Messbecher	=	365 g
½ Messbecher	=	550 g
1 Messbecher	=	1100 g
BRAUNER ZUCKER		
¼ Messbecher	=	275 g
⅓ Messbecher	=	365 g
½ Messbecher	=	550 g
1 Messbecher	=	1100 g
BUTTER		
1 Esslöffel	=	15 g
2 Esslöffel	=	30 g
3 Esslöffel	=	45 g
4 Esslöffel	=	60 g
¼ Päckchen	=	62,5 g
½ Päckchen	=	125 g
1 Päckchen	=	250 g
2 Päckchen	=	500 g

KÜHLSCHRANKVORRAT

OBST & GEMÜSE
- Äpfel
- Aprikosen
- Birnen
- Brombeeren
- Erdbeeren
- Heidelbeeren
- Himbeeren
- Karotten
- Pfirsiche
- Rhabarber

MILCHPRODUKTE & EIER
- Butter
- Buttermilch
- Doppelrahmfrischkäse
- Eier
- Feta
- Greyerzer
- halbfette Sahne
- Joghurt
- Ricotta
- Sahne
- saure Sahne
- Vollmilch

TIEFKÜHLWARE
- Blätterteig
- Brombeeren
- Eiscreme
- Heidelbeeren
- Maiskörner
- Filoteig

Kühle Lagerung

Sobald Sie Ihre Vorratskammer gefüllt haben, können Sie sich um den Kühlschrank kümmern. Viele Backzutaten müssen kühl gelagert werden. Manche ungebackene Teige können Sie für einige Zeit kühl stellen (Seite 100).

Allgemeine Tipps

- Räumen Sie jedes Fach im Kühlschrank aus und reinigen Sie die Fächer mit warmem Seifenwasser.
- Entfernen Sie regelmäßig verdorbene Lebensmittel.
- Orientieren Sie sich an der Kühlschrankliste (links), um zu prüfen, welche Dinge Sie einkaufen oder ersetzen müssen.
- Stellen Sie die Temperatur des Tiefkühlgeräts auf -18 °C ein und achten Sie darauf, dass die Luft zwischen dem Gefriergut frei zirkulieren kann, packen Sie das Gerät nicht zu voll. Lebensmittel zimmerwarm luftdicht verpacken und mit Etiketten versehen, auf denen Inhalt und Datum vermerkt sind. Gefrorene Backwaren bei Raumtemperatur auftauen.

Obst lagern

Früchte der Saison entweder im Kühlschrank oder in einer Obstschale lagern. Ananas, Birnen, Kiwifrüchte, Mangos, Nektarinen, Pfirsiche und Pflaumen bei Raumtemperatur nachreifen lassen, dann kühl stellen. Bananen immer zimmerwarm aufbewahren. Äpfel und Beeren sind im Gemüsefach des Kühlschranks am besten aufgehoben.

Frische Beeren sind äußerst empfindlich, sie verfaulen rasch und sollten innerhalb von 1 bis 2 Tagen aufgebraucht werden. Eine Keramikschüssel mit Küchenkrepp auslegen, die ungewaschenen Beeren darin mit Klarsichtfolie abdecken und kühl stellen. Beeren stets nur kurz vor der Verwendung putzen und waschen.

Register

Die Originalausgabe erschien 2006
unter dem Titel *Food Made Fast – Baking*

Deutschsprachige Erstausgabe: © 2009 vgs
verlegt durch EGMONT Verlagsgesellschaften mbH,
Gertrudenstraße 30-36, 50667 Köln

1. Auflage
Übersetzung: Isabelle Fuchs
Produktionsbetreuung: Print Company Verlagsges.m.b.H., Wien
Umschlaggestaltung: HildenDesign, München | www.hildendesign.de
Titelfoto: © Cornelis Gollhardt, Köln & Stephan Wieland, Düsseldorf

Fotografen: Tucker & Hossler
Food-Stylist: Jennifer Straus
Assistenten Food-Stylist: Luis Bustamante, Max La Rivière-Hedrick
Dekorateur: Leigh Nöe
Text: Stephanie Rosenbaum

Druck: Tien Wah Press, Singapur
ISBN 978-3-8025-3679-3

www.vgs.de

DANKSAGUNG
Weldon Owen dankt folgenden Personen für ihre Unterstützung bei der Entwicklung dieses Buchs:
Heather Belt, Kevin Crafts, Ken DellaPenta, Judith Dunham, Denise Lincoln, Lesli Neilson und Sharon Silva.

Fotos von Bill Bettencourt: Seiten 8–9, 20–21 (Rezept), 26–27 (Rezept), 30–31, 38–39 (Rezept), 42–43, 44–45 (Rezept), 64–65, 66–67, 68–69, 78 (oben links), 81 (oben rechts), 82–83 (oben links und Rezept), 84–85 (oben rechts und Rezept), 86–87, 88–89 (oben links und Rezept), 90–91, 92–93